2023 年度杭州市学校共青团研究课题"大思政视域下带动教育与'6S 管理模式'融合构建实践育人共同体的路径研究"
2024 年度浙江省社会科学界联合会研究课题"工匠精神视域下高职化工类拔尖人才培养模式构建探究"

高职院校
教学管理研究及优化策略

练芳芳　著

中国原子能出版社

图书在版编目（CIP）数据

高职院校教学管理研究及优化策略 / 练芳芳著. --
北京：中国原子能出版社，2023.11
ISBN 978-7-5221-3113-9

Ⅰ. ①高… Ⅱ. ①练 Ⅲ. ①高等职业教育–教学管
理–研究 Ⅳ. ①G718.5

中国国家版本馆 CIP 数据核字（2023）第 227160 号

高职院校教学管理研究及优化策略

出版发行	中国原子能出版社（北京市海淀区阜成路 43 号　100048）	
责任编辑	刘东鹏　王齐飞	
责任印制	赵　明	
印　　刷	河北宝昌佳彩印刷有限公司	
经　　销	全国新华书店	
开　　本	787 mm×1092 mm　1/16	
印　　张	15.75	
字　　数	256 千字	
版　　次	2023 年 11 月第 1 版　2023 年 11 月第 1 次印刷	
书　　号	ISBN 978-7-5221-3113-9	定　价　**88.00** 元

发行电话：**010-68452845**　　　　　　　版权所有　侵权必究

前　言

　　我们正处在一个知识和信息爆炸的时代。这种爆炸式的增长在很多方面都对社会产生了深远的影响，尤其在教育领域。教育，作为社会进步和个体发展的重要手段，面临着巨大的挑战和无尽的机遇。特别是高职教育，作为职业技术教育的重要组成部分，其教学管理的科学性和有效性对培养高素质、高技能的专门人才具有决定性的影响。

　　我国的教育事业在近年来已经取得了显著的发展。教育体系不断完善，教育理念日益先进，教育手段和方法日新月异。与此同时，也出现了一些新的问题和挑战，特别是在高职教育的教学管理方面。这主要表现在以下几个方面：一是教学管理理念落后，不能适应社会经济发展和人才培养的需要；二是教学管理机制不健全，难以有效调动教师和学生的积极性；三是教学管理手段单一，缺乏创新。

　　在此背景下，改革和创新高职教育教学管理表现出必要性和迫切性。因此，本书的主题是"高职院校教学管理研究及优化策略"，旨在探索和研究如何在高职教育中实现教学管理的科学化、规范化、人性化和信息化，从而提升教学质量，培养出更多的高素质专业人才。

　　本书分为十章。第一章主要介绍了教育、高职教育和教学管理的基本概念，以及我国教育事业的发展历程。第二章深入研究了国内外高职教育的发展状况和趋势，对比分析了两者的异同，为我国高职教育的发展提供了参考和借鉴。第三章从理论的高度，探讨了教学管理的理论基础，包括"以人为本""全面发展""创造性发展"和"素质教育"等理论，为高职教学管理提供了理论指导和思考框架。第四章和第五章则分别关注高职教学过程管理和教学质量管理，涉及教学计划管理、教学环节管理，以及教学质量管理的概念、方法和监督体系等内容，为提升高职教学的质量和效率提出了具体策略和方法。第六章和第七章集中探讨了校园文化建设和学生管理这两个影响高职院校发展的关键因素。其中，校园文化包括了制度文化和行为文化两个重要方面，而学生管理则包括了招生管理、就业管理、学生心理健康管理，以及学生档案管理等多个领域，这些都是高职院校教学管理的重要组成部分。第八章着重讨论了高职院校信息化教学管理，包括信息化教学的相关概念、资源、方法，以及信息化校园管理，这对于提升教学效率、实现个性化和精细化管理具有的极其重要的意义。第九章针对当前我国高职院校教学管理的概况进行了全面深入的分析，提出了优化路径，包括政府的宏观调控、学校的贯彻执行、教师的身体力行等多个层面，为我国高职教育的改革和发展提供了方向。最后一章探讨高职院校教学管理的突破与创新，包括从"刚性"到"柔性"的转变，从传统管理模式到信息管理模式的转变，从学科隔阂到课程融合的转变，以及从教学资源单一化到多样化的转变。这些转变，为高职教学管理带来革新的动力，推动我国高职教育走向更高的层次。

　　本书希望通过深入研究和探索高职院校教学管理的优化策略，为我国高职教育的发展提供理论支持和实践指导。期待本书为推动我国高职教育的改革与发展，培养出更多高素质的专业技术人才，贡献出一份力量。

目　　录

第一章　概　述

第一节　教　育

一、教育的定义与本质

教育，是智慧的炬火，它照亮了人类前行的道路，是世代相传的稳固桥梁，连接着过去与未来，指引着我们走向辉煌。教育是生命中最深沉的根，也是心灵中最明亮的灯，它在灵魂深处播下种子，让知识、智慧和品格在日复一日、年复一年的时光中生根发芽，开花结果。

（一）教育的定义

教育作为一种特殊的社会现象，被马克思主义理解为培养人的社会实践活动。广义的教育是指所有对人的身心发展有影响，可以促进个性形成和知识技能增进的社会活动。这些活动可以在各类生产和生活中广泛存在，不论其是否有组织、是否是系统的或零碎的，都被认为是教育。狭义的教育则更专指通常所说的学校教育，这是由特定的教育机构和教育人员，根据社会的需求，以有目的、有计划和有组织的方式对学生进行身心发展的指导，使他们成为社会需要的人才。这种形式的教育是人类社会发展到一定历史阶段的结果。

可以从《说文解字》《中庸》，以及西方教育家的理论中看到教育的多种解释。比如《说文解字》认为教育是上所施、下所效的过程，也是养子使作善的活动。《中庸》则理解教育为修道的过程。在西方，教育（Education）源自拉丁文"Educare"，意指对人进行某种引导。著名的法国教育家卢梭认为人的形成离不开教育的引导，而美国教育家约翰·杜威则认为教育就是生活，是生长，是经验。中国人民教育家陶行知的教育观念也与此相吻合，他强调生活即教育。尽管这些解释来自不同的文化背景和理论观点，但对教育作为培养人的活动这一共同理解是一致的。

值得强调的是，教育的定义并非固定不变，而是随着教育活动的演变和发展而变化，随着人们对教育活动认识的深入而变化。因此，教育的定义实际上是对教育活动的概括和总结。

（二）教育的本质

教育作为一种社会现象的观察和分析，是马克思主义对教育的基本理解。但在教育史上，有些资产阶级理论家试图掩盖教育的社会特性，否认其作为社会现象的存在。例如，由法国哲学家、社会学家利托尔诺提出的生物起源论和美国心理学家孟禄的心理起源论。这两种理论虽然表述不同，但本质上一致，都将本能视为教育的基础，将教育贬低为本能行为。他们推断，人类在教育中的许多努力可能并未取得明显效果，原因可能在于忽视了人类和动物的一致性。这种观点抹去了教育的社会性和目的性，因此无法科学地解释教育的本质属性。只有马克思主义的教育起源于生产劳动的理论，才是科学的。只有深入研究马克思主义关于教育产生的理论，并批判各种错误的教育起源论，才能正确理解教育的本质，揭示教育发展的基本规律。

历史唯物主义认为教育起源于人类社会特有的实践活动，即生产劳动。从教育诞生的那一刻起，它就肩负起了重要的社会职能，即由年长一代向新生一代传递生产斗争和社会生活的经验，以促进新生一代的成长。教育从起初就是一种具有社会性的活动。认识到教育的社会性十分重要，因为这使我们能从社会活动的角度，而非生物活动的角度来研究教育，从而揭示教育与社会之间的规律性联系。

有些学者将阶级性和生产性视为教育的本质，这一观点并不准确。教育的阶级性仅在阶级社会中存在，在无阶级的社会中，教育就没有阶级性。即便在阶级社会中，阶级性是许多事物和社会现象共有的，并非教育所独有的。因此，阶级性只是阶级社会中教育的一种特性，并不决定教育的本质。同样，将生产性视为教育的本质也是不适当的。尽管教育与生产有着广泛而密切的联系，但教育并不等同于物质生产。教育的内容包罗万象，既包括物质生活的经验，也包括精神生活的经验。教育承担着多种社会职能，既是生产斗争的工具，又是传递文化、进行阶级斗争和谋求社会生活的工具。因此，生产性也不能被视为教育的本质。

通过以上分析，可以得出一个结论：教育的本质特征在于它是一种培养人的社会活动。这种本质属性贯穿于所有的教育活动中，无论是古代教育或现代教育、无论是中国教育或外国教育、无论是普通教育或专业教育、无论是学校教育或社会教育，都是培养人的社会活动。

二、教育的起源与发展

在人类社会的曙光初现之时，教育便开始了它的旅程。那时，生产劳动成为一种创世纪的力量，塑造了人类初步的社会关系，从而催生了教育的诞生。

（一）教育的起源

对于教育起源的探讨，近现代教育史上主要存在四种观点：生物起源说、心理起源说、劳动起源说和需要起源说。

1. 生物起源说

法国社会学家和哲学家利托尔诺是教育生物起源说的首倡者。在他的著作《各种人种的教育演化》中，他主张教育活动并不仅局限于人类社会，而是超越了人类社会生活，它不仅独特于人类社会，还在动物界存在于人类出现之前。他甚至将老动物对小动物的照顾和爱护视为一种教育形式，并坚持认为昆虫界也存在教育。他的观点是，人类教育是基于动物教育活动的改进和发展，而生物生存竞争的本能构成了教育起源和存在的基础。动物为了自身物种的保持和发展，出于一种"自然和自发"的本能，将自身的"知识"和"技能"传授给幼小的动物，这在他看来就是教育。

英国教育学家沛西·能在他的主要教育著作《教育原理》中，进一步阐述了教育生物化的理论观点。他在 1923 年不列颠协会教育科学组的大会上发表的报告中明确指出，从其起源来看教育是一个生物学过程。所有人类社会无论多么原始都有教育，甚至高等动物之间也存在低级形式的教育。他将教育称为生物学过程，认为教育是种族生活自然适应种族需求的表现形式，而非后天习得的。教育无须深思熟虑才能产生，也不必依赖科学指导，而是根植于本能的必然行为。

尽管教育的生物起源说强调了动物本能活动与人类教育之间的关联，这无疑是对古代社会将教育起源归于神意观点的进步。但是，该观点只将教育简化为本能，而忽视了教育的社会性，因此未能科学地解决这一问题。

2. 心理起源说

美国的教育历史学家 P.Monroe 从心理学的角度切入，对教育的生物起源说提出了批评。他认为，生物起源理论忽视了人类心理与动物心理之间的根本差异，并提出了教育的心理起源理论。从心理起源的观点出发，在原始社会，由于缺乏用于传授各种知识的教材和相应的教育方法，教育的起源应该归结于儿童对成人的无意识模仿。尽管 Monroe 对教育的生物起源说提出了批评，并正确地确认了模仿与人类教育之间的关系，但他将无意识模仿视为教育的基础是有问题的。原因在于人成为人是一个有意识的过程，人的行为是在意识控制下的目标导向行为。无意识模仿实际上仍然只是一种本能行为。

3. 劳动起源说

教育起源于劳动的观念主要由苏联的教育史学家和教育学家在十月革命后提出。他们主张，作为一种社会历史现象，教育是人类祖先在发展和进化到一定阶段后的产物。具体来说，当人类祖先进化到一定程度，即自然环境提供了人类发展的可能性（比如基因突变携带了发展为人的物质），生存的需求迫使人类祖先必须利用自然工具进行劳动，以促进上肢发展为手并进一步制造工具。同时，人类祖先的生存和劳动必须采取集体的形式，过着共同的社会生活。

在这些活动的推动下，人类祖先的大脑进一步发展，因共同劳动和生活必须进行交流而产生语言，从而推动思维的发展和意识的形成。在这个辩证发展的过程中，人类创造了人类经验（包括劳动知识和社会生活知识）。为了自身的生存和延续，人类必须将这些生产劳动经验和社会生活经验传递给新生一代。因此，教育应运而生，满足了生产的需求，满足了人类生存的需求。他们同时指出，教育是人类社会特有的一种有意识的自觉活动。这种意识性在于，教育者已经掌握了生产知识，已经认识到传递经验的必要性，也已经明确了要追求和达成的目标。而教育的产生是以人类语言发展为条件的，语言和教育都是在劳动中产生和发展的。

劳动起源说强调了社会性问题在教育起源中的关键作用，理解了人类生存与物质生产的关系，并将工具制造作为一个显著标志。然而，遗传学观点指出，人并非由劳动创造，而是由劳动选择并保留。同时，人类也创造了劳动本身。劳动是人的属性，而在人猿的分化过程中，劳动并不是唯一的因素。

因此，可以说，人"选择""保留"或"创造"了教育。实际上，在劳动、人和教育这三者之中，很难确定谁是源头。

4. 需要起源说

需要起源说是在我国教育理论界提出的，它认为教育起源于适应和满足人类社会生活和人类自身发展的需要。尽管这种观点试图整合前述三种理论，但其过于宽泛的理论框架使其在实质上无法对教育起源问题给出明确的解答。

如今，教育起源问题的争论仍在继续，历史上每一种理论观点的产生都基于其特定的理论根据和思考方式。为了对教育的起源问题给出有说服力的答案，需要开展多元的讨论，寻求较为一致的理解，同时期待古人类学家和考古学家提供更多、更具说服力、足以作为证据的资料、化石和实物。尽管教育的源头仍是一个未被完全解答的问题，但可以预见的是，随着对人类历史、文化和社会行为的探索不断深入，对于教育的起源，以及其本质的理解将会日益增强，更加丰富。同时，这种理解的提升将揭示教育的演变脉络，以及它如何塑造和影响社会提供帮助。对此，需要保持开放的心态和求知的态度，以便更好地理解和把握教育的本质和意义。

（二）教育的发展

教育的演进过程是一条曲折且复杂的道路，它横跨了无数世纪，见证了人类历史的发展和社会的变迁。从最早的口头传承和模仿学习，到文字的出现，再到现代的数字化教育，教育的形态、内容和方式都在不断变化，反映了人类社会的进步和科技的发展。

1. 古代社会的教育

古代社会，早期的学校刚刚出现并且取得基本的发展，同时这一阶段教育的阶级性也开始得到强化。

根据已知的资料，世界最早的学校形式可以追溯到公元前 2 500 年的埃及，而在我国，学校的诞生早在公元前 1 000 多年的商代。据历史记载，我国在夏朝时期，已有被称为"庠""序""校"的教育机构存在；殷商和西周时期，更是设立了如"学""菁宗""辟雍"和"泮宫"等学校。这些学校主要以修辞学校和文法学校等古典学校为主导，其教学内容主要聚焦于古典学科，采用的教学方式强调死记硬背，执行严格的棍棒纪律教育，而教学的组织形式主要是个别教育。

在古代社会中，教育被视为统治阶级的专属工具，用以培养所需的人才，如官吏、牧师、骑士和君子等，并进行宗教、道德或政治的教化。由于学校受统治阶级的控制，教育具有阶级性。劳动人民多数情况下并未被纳入当时的学校教育体系，他们在日常生活和生产过程中获得了一些基本的教育，有些人甚至通过师徒制形式接受民间专业技术教育。

在我国的奴隶社会中，学校教育由奴隶主阶级所垄断，以培养能巩固和维护奴隶社会统治的人才为目的。西周时期，学校教育的主要内容是"六艺"教育，即礼、乐、射、御、书、数。这些学科的教学目的是维护世袭等级制度和道德礼仪规范，举行各种祭祀活动，颂扬帝王将相，鼓舞军心，以及培养语言文字的读写能力和自然科学知识。

进入封建社会后，我国的学校大体上可分为官学和私学两种类型，教育具有鲜明的阶级性和等级性。以唐朝为例，它的学制已相当完善，中央设有国子学、太学、四门学、书学、算学、律学六学和崇文馆、弘文馆两馆。这些学校和馆分别接收不同级别的官员子孙或庶族地主子孙入学。教学的目的是培养统治阶级的子孙成为统治劳动人民的官吏或君子，教学内容主要是儒学，即"四书"和"五经"。

在欧洲的奴隶社会时期，出现了斯巴达的军事体育教育和雅典的和谐教育两种著名的教育体系。斯巴达的教育着重于培养军士，其内容主要是军事体育训练。而雅典的教育更强调多元化和谐发展，内容包括政治、哲学、文学、艺术和体操等。

在欧洲的封建社会，封建统治者运用两种手段来巩固其统治地位：一是通过对劳动人民进行"宗教的麻痹"；二是通过对劳动人民进行"宝剑的镇压"。为了实现这两种目的，欧洲封建社会形成了教会教育和骑士教育这两种教育体系。教会教育主要目的是培养教士和僧侣，其教育内容是"七艺"，包括文法、修辞、辩证术、算术、几何、音乐、天文学。而骑士教育则是为了培养封建骑士，其教育内容是"骑士七艺"，包括骑马、游泳、击剑、打猎、投枪、下棋、吟诗。

2. 现代社会的教育

现代学校的起源可以追溯到 18 世纪，它应现代化大生产的需求而诞生。这种类型的学校既包括实科学校和职业技术大学，这些学校专门传授现代科学技术知识并为现代工业培训劳动力，同时也包括现代大学。比起农业社会，现代学校在体系结构、类型多样性、层次清晰度、世俗性等方面都有显著优势。就教学组织形式而言，班级授课制在现代学校中得到了广泛实施，这极大地提升了教学效率。教育的生产性和其在经济功能中的地位已经得到了全世界各国政府的高度认可，这是教育与生产劳动从分离走向结合的一个重要表现。同时，教育的公共性也日益显现。

在工业社会的初期，教育的阶级性还是非常明显的，主要为新兴的资产阶级服务，基本上没有反映或很少反映广大劳动人民的利益和愿望。然而，随着工业大生产对知识需求量的增加和工业社会管理方式的变化，教育逐渐成为社会的公共事业。师生关系也由农业社会的不平等关系，转变为工业社会的民主关系，教师中心的教学方式也转变为教师在指导和帮助下的学生自治。

3. 当代社会的教育

21 世纪的教育概况显现出几个显著的特点。科技特别是信息和网络技术的发展推动了教育变革，塑造了在线教育、远程教育和数字化教学等新型教育形式。这些新的教学方式解除了地理和时间的束缚，使得教育资源获取和分享更为便利。教育在 21 世纪更加倾向于个性化。教育工作者更加重视学生的个体差异，强调因材施教，尊重学生的兴趣和特长，以实现个性化教学。同时，由于知识更新速度的加快，终身学习的理念在 21 世纪的教育中占据了重要地位。需要在整个职业生涯中不断学习，以适应社会和工作环境的快速变化。而且教育全球化趋势也愈加明显，国际的教育交流和合作不断增强。全球化使得学生能更容易获取世界各地的教育资源，从而扩大他们的国际视野和增强跨文化交流的能力。总之，21 世纪的教育在以上变革的基础上，更加重视学生的实践和创新能力的培养，鼓励学生主动学习，探索未知，解决问题。

三、教育与社会发展的关系

教育与社会发展的关系是一个复杂的主题，涉及众多的因素和层次。教育在社会发展中扮演了至关重要的角色。教育提供了必要的知识和技能，使个体能够适应并参与社会生活。通过教育，人们学习到与生活相关的技能，比如阅读、写作和计算，同时也学习到一些更高级的技能，比如，批判性思维、解决问题的能力等。这些技能对于社会的发展至关重要。教育还有助于培养公民的道德和价值观，塑造社会的文化和道德风尚。

社会发展对教育也有深远的影响。社会的经济状况、政治环境、科技进步等因素都会影响教育的内容和形式。例如，随着科技的快速发展，教育需要不断更新内容，以适应新的技术和职业需求。同时，社会的经济状况和政策也会影响教育的质量和公平性。

教育和社会发展之间还存在着密切的相互作用。教育可以推动社会的进步，而社会的进步反过来也会推动教育的发展。这种相互作用使得教育和社会发展成为一个动态的、互为因果的过程。

总的来说，教育与社会发展之间的关系既复杂又重要。教育对社会发展的贡献不仅体现在提供必要的知识和技能，培养公民的道德和价值观等方面，还体现在推动社会进步的过程中。同时，社会的发展也会反过来影响教育，从而使教育更好地适应社会的需求。因此，必须重视教育在社会发展中的重要作用，同时也要关注社会发展对教育的影响，以实现教育和社会发展的良性互动。

第二节　高职教育

一、高职教育的定义和意义

高等职业教育在高等教育体系中具有独特的地位和作用，是推动高质量发展的关键因素之一。旨在为学生提供适应现代经济发展需要的职业技能和实用性知识。

（一）高职教育的定义

高职教育，全称为高等职业教育，是在中等职业教育的基础上，为社会提供专门技术或管理人才的一种教育形式。它是国家人力资源开发的重要组成部分，对于提升国家竞争力和社会经济发展具有重要作用。

除此之外，不同领域对于高职教育的界定和表述略有不同。劳动和社会保障领域认为高职教育是指通过职业学校、高等职业学院等教育机构对学生进行的，旨在培养技术技能和职业素养的教育，其目的是满足劳动力市场的需求。行业协会领域认为高职教育是指在职业教育体系中，由高等职业学校为主要培养对象提供的高等职业教育，其课程设置和教学内容紧密结合行业的发展和需求。人力资源领域认为高职教育是指通过职业院校、技工学校等教育机构为适龄青年提供的，以适应社会和市场需求为导向的职业教育。

在理解高职教育的定义和内涵时，可以从以下几个方面进行理解。

1. 实践性：高职教育注重培养学生的职业能力和技能，强调实践教学和实践操作。

2. 应用性：高职教育主要针对经济社会发展中的具体职业岗位，培养应用型、技能型专门人才。

3. 紧密对接行业：高职教育与行业有着密切的联系，许多高职教育的课程和实训都是根据行业的具体需求来设计的。

4. 灵活性：高职教育注重对学生的个性化教育，教育方式和课程设置等都具有一定的灵活性，能够适应社会和经济发展的需求。

5. 包容性：高职教育具有广泛的社会接纳度，为各类人群提供了学习和提升自身能力的机会。

总的来说，高职教育是一种面向特定行业或职业，强调实践技能和应用知识，具有灵活性和包容性的教育形式，旨在满足社会和经济发展的需求，培养具有专业技能和职业素养的人才。

（二）高职教育的意义

高等职业教育作为国家发展的关键领域之一，具有重要的意义。它不仅是培养人才的重要途径，更是推进社会发展、提高国民素质的有力保障。高等职业教育的优势在于其实际性、专业性和适应性，旨在为社会提供符合实际需要的、具备高水平专业技能和综合素质的专门人才。

1. 高等职业教育作为培养技术技能人才的重要途径，不仅能够提供系统性的理论教育，还能够深入实践、注重技能的培养，为国家和地方培养一批高素质的人才。这些人才具有较强的实践能力和创新能力，能够快速适应工作环境和应对工作挑战。随着科技的不断发展和经济的快速增长，中等技术人才的需求越来越大，而高等职业教育可以改善中等技术人才短缺的问题，为经济的可持续发展提供有力的支撑。高等职业教育在培养技术技能人才方面的意义不仅在于提高技术人才的数量，更在于提升其素质。高等职业教育注重学生的实践操作能力，重视实习实训、项目实践等实践性教学模式，使学生在学习过程中能够获得充分的实践锻炼和经验积累，进而拥有更为丰富的实践技能和知识储备。同时，高等职业教育还注重学生的综合素质和职业素养的培养，培养学生的自主创新意识、团队合作意识、创业精神等，使其成为具有创新精神和实践能力的复合型人才，为各行业的发展注入新的活力和动力。

2. 高职教育的多元化和灵活性，使其能够为社会提供不同的教育选择。通过提供多样化的课程，培养不同领域的专业人才，从而满足不同人群的学习需求和职业发展要求。这不仅有助于提高劳动力素质和就业率，还可以加速人才培养和产业升级的匹配，推动经济的快速发展。以至于逐渐缩小城乡和区域之间的教育差距，从而推动社会公平和社会和谐的进步。

3. 高职教育的产学研结合和校企合作可以为企业提供技术支持和人才储备，为创新创业提供有力的支持。通过与企业紧密合作，高职教育可以更好地了解市场需求和技术发展趋势，及时调整教育内容和培养方案，使教育更加贴近实际、更加符合市场需求。同时，校企合作也为学生提供了更加实际的实践机会，让他们更加深入地了解企业的运作和实际工作环境，提高他们的创新能力和实践能力，为未来的就业和创业打下了坚实的基础。

二、高职教育的特点分析

高职教育的特点在于它将知识、技能和实践相融合，以人才培养为核心，紧贴产业需求，以市场为导向，注重职业能力的培养和实践能力的提高。同时，高职教育还具有创新性和应用性，旨在培养具备创新思维、创新能力和实践能力的高素质职业人才，以适应现代社会对职业人才的需求。高职教育的特点分析（如图 1-1 所示）。

（一）实践性

高职教育鲜明的实践性是其独特的教育特点之一。高职教育教学中，实践教学所占比例远高于传统的理论教学，通过大量的实践训练，使学生的技能得到了实际的提高，使学生具备实际应用能力。

（二）职业性

高职教育是为学生未来的职业生涯提供支持和指导的教育形式。因此，高职教育注重培养学生实际工作所需的技能和素质，使其具备职业素养和职业能力，从而更好地适应职业发展。

图 1-1　高职教育的特点

（三）应用性

高职教育是以应用技术为核心，针对社会需求而开设的教育形式。高职教育着重培养学生应用技术的能力，使其在工作实践中具有更强的适应性和创新能力，为社会提供更加适用的人才。

（四）产学研融合性

高职教育注重学校、企业、科研机构之间的紧密合作与协调，使学生在学习中更好地了解企业的需求，获取实际工作经验和技能，加深对职业的认识和掌握。

（五）多样性

高职教育为学生提供多样化的教学资源和教学方式，以满足不同学生的学习需求和职业发展要求。在高职教育中，不仅有传统的课堂教学，还有实验教学、工程实践、职业实训等多种形式的教学。

三、高职教育的课程设置与教学模式

高职教育以其独特的课程设置和教学模式，培养了大批技术技能人才，为国家经济发展和社会进步作出了重要贡献。高职教育注重学生的实践能力和创新能力的培养，旨在使学生具备适应社会发展的各种需求的能力，从而在竞争激烈的现代社会中脱颖而出。

（一）高职教育的课程设置

课程设置是学校安排的教学科目、教学时数和先后顺序的总和。它必须满足培养目标的要求，是培养目标在课程计划中的集中体现。为了使学生通过学习和训练获得某一专业所需的知识和技能，各门课程应当有序衔接。

1. 高职教育课程设置的基本内容

高等职业教育课程设置的总体规划是培养高技能型人才的基础，这一规划必须符合特定的教学目标。它包括教学科目、目标、内容、教学进度和实现方式的全面展示。以市场需求和就业为导向，需要根据各个企业、行业、职业和岗位的需求来设计课程结构体系。此外，应始终聚焦于学生的职业定位和技能衔接，明确能力培养目标，以帮助学生获得必要的职业经验，从而实现就业的最终目标。

高职教育课程应视为包含课堂教学、课外学习，以及学生自学活动的总体规划。在设计课程时，主干课程应注重能力的形成，同时，也要将与能力形成密切相关的知识课程作为补充，以构建一个完整的课程体系。这样的设置可以为学生的能力形成提供丰富的知识背景。在设定职业教育课程时，应以职业群体对素质、知识、能力的共同需求作为起点，并以职业素质和能力的培养为主线。在教学过程中应注重发挥三大功能，即促进学生的智力发展、促进学生的人格完善，以及满足职业群体的需求。

2. 高职教育课程设置的理念与原则

高职教育课程设置的理念具有动态性、整合性、创新性、前瞻性的特点。

（1）动态性：高职教育的生存和发展大部分依赖于其教学内容能否与社会、经济和技术的变化保持同步。这一点在课程设置上尤为明显，课程内容需要具有动态性，不能故步自封。在维持相对稳定的同时，必须根据市场的发展趋势，预判行业对人才的知识、能力和素质的需求变化，以保证课程设置能满足市场需求的"与时俱进"的特点。

（2）整合性：专业课程的设置需要考虑到市场经济环境下的职业流动性和多岗位就业现象，目标是培养具有广泛专业知识和技能的学生。课程设置应拓展专业范围，增强专业知识的覆盖度，追求"复合"。科学合理的课程设置需要整合各个课程，简化复杂，实施模块化组合，以提供更多的学习空间。

（3）创新性：为了满足社会经济的需求，适应职业活动的特性，以及满足学生创业和就业的需求，高职教育的课程设置必须具有创新性。根据社会经济、劳动力市场、岗位职能等方面的课程需求，应开发新的课程体系，走"专业化""特色化""新颖化"的道路，实现以创新驱动发展的目标。

（4）前瞻性：为了紧跟时代的步伐和满足市场需求，需要正确处理现代知识与传统知识、现代技术与传统技术的关系，掌握最新的专业理论和发展趋势，及时更新课程内容，增加新的课程和实训项目。应积极促使课程设置跟上时代和技术的发展，充分反映专业的最新知识、技术、工艺和方法，打破过时的课程内容的束缚。

高职教育课程设置的原则具有开放性、适用性、个性化、实践导向性的特点。

（1）灵活性：课程体系的设计需要保持一定的开放性，具备适应性和灵活的调整能力。这样，才能快速反映社会经济、科技的发展和市场需求，及时调整并更新课程内容，以满足社会需求的变化。

（2）适用性：高等职业教育课程的设计应紧贴职业岗位，与社会生产实际和职业分工相匹配。应以就业岗位所需技能为参考，致力于"按岗定课""岗课一致"的原则，以便培养具有实用技能的应用型人才。

（3）个性化：鉴于高职院校的学生来源复杂、层次各异，并在学习过程中显示出显著的个性差异，高职课程设置需要考虑这些因素。课程应基于学生的不同水平、兴趣和可能的多次就业、转岗的需要进行设计，以便他们能够根据自己的职业方向进行个性化发展。

（4）实践导向性：高职教育的实践性特征强调智力和创新，这就要求在课程设置上强调职业性和应用性，突出职业技能的培养。应重视认知实习、专业技能训练、毕业设计、顶岗实习等实践环节，以全面提升学生的职业能力和岗位适应性。

（二）高职教育的教学模式

教学模式是一定的教学理论或教学思想的反映，是一定理论指导下的教学行为规范。不同的教育观往往提出不同的教学模式。比如，概念获得模式和先行组织模式的理论依据是认知心理学的学习理论，而情境陶冶模式的理论依据则是人的有意识心理活动与无意识心理活动、理智与情感活动在认知中的统一。高职教育的教学模式与普通高等院校的教学模式明显不同，其实践性与操作性更强，主旨是培养大批实践应用型专业人才。具体来说，高职教育的教学模式具有如下的几种类别。

1. 校企合作模式

这种模式下，高职院校与企业建立合作关系，共同设计课程，合作开展教学活动。这种教学模式可以使学生在学习过程中获得实际工作经验，提高学生的就业能力。

2. 案例教学模式

案例教学是一种以解决实际问题为目标的教学方法。教师根据课程内容选择或设计相关案例，引导学生分析和解决问题，以提高学生的分析和解决问题的能力。

3. 工作过程导向模式

这种模式模拟实际工作环境，让学生在模拟的工作环境中完成一系列工作任务，以此提高学生的职业能力。

4. 翻转课堂模式

这种模式下，学生在课前通过网络自学课程内容，然后在课堂上进行讨论和实践。这种教学模式鼓励学生主动学习，提高学生的自学能力和合作能力。

5. 混合式学习模式

这种模式结合线上和线下的学习方式，既有面对面的授课，又有网络学习的部分，使学生可以灵活地安排学习时间，提高学习效率。

6. 项目导向模式

在这种模式下，教学以完成一个或多个项目为目标。学生需要在项目中应用所学知识，解决实际问题，以此提高学生的实际操作能力和团队合作能力。

第三节　教学管理的内容界定

一、教学管理的基本理论

教学管理是一项融合管理理论素养、精湛专业技能、创新精神和社会责任感的综合性管理工作。教学管理的重要性不容小觑，关乎学校的当前发展与未来创新转型。

（一）教学管理的定义

管理是指一定组织中的管理者，通过实施计划、组织、领导、协调、控制等职能来协调他人的活动，使别人同自己一起实现既定目标的活动过程。是人类各种组织活动中最普遍和最重要的一种活动。

教学管理是指在教育教学过程中，对教学活动进行规划、组织、指导和控制的过程。其目的是提高教学质量，促进学生全面发展。教学管理的内容包括教学目标的制定、教学计划的编制、教学资源的调配、教学组织和管理、教学过程的监督和评估等方面。

（二）教学管理的要素

教学管理的基本要素包含教学目标、教学资源、教学组织和管理、教学评估等。

1. 教学目标

教学管理的首要任务是制定教学目标，即确定教育教学的目的和方向。教学目标是教学活动的核心，它是衡量教学成果的标准，也是评价教学质量的重要依据。

2. 教学资源

教学资源是指在教学过程中所需要的人力、物力、财力、信息资源等各种资源。教学管理需要对教学资源进行调配和优化，以最大限度地发挥资源的作用，提高教学效益。

3. 教学组织和管理

教学组织和管理是教学管理的重要环节。它包括教师的组织和管理、教材的选用和管理、教学方法的选择和管理、教学过程的监督和管理等方面。

4. 教学评估

教学评估是教学管理的重要组成部分。它是对教学活动的监督和检验，旨在发现和纠正教学过程中的问题和不足，提高教学质量。

（三）教学管理的任务

教学管理的任务是多方面的、复杂的，需要教育工作者具备全面的管理素养和专业技能，通过有效的管理手段和措施，不断提高教育教学质量和学生发展水平。

1. 制订学校教学工作计划，明确教学工作目标，保证学校教学工作有计划、有步骤、有条不紊地运转。

2. 建立和健全学校教学管理系统，明确职责范围，发挥管理机构及人员的作用。

3. 加强教师的教学质量和学生的学习质量管理。

4. 组织开展教学研究活动，促进教学工作改革。

5. 深入教学第一线，加强检查指导，及时总结经验，提高教学质量。

6. 加强教务行政管理工作。

二、教学管理的现实意义

教学管理对于提高教学质量、促进教师发展、节约教学成本、增强教育竞争力和增强学生学习效果具有重要意义。

（一）有利于提高教学质量

教学管理可以帮助学校和教师对教学过程进行科学规划，有效组织和调度教学资源，提高教学质量，保证教育教学的有效性。例如，教学管理可以通过制订教学计划和教学大纲等手段，科学规划教学过程，明确教学目标和内容，使教学过程更加有针对性和规范化，从而提高教学效果。又如，教学管理可以通过合理配置教学资源，如教师、教材、设备、场地等，保证教学资源的充分利用和有效组织，提高教学效率。

（二）有利于促进教师专业发展

教学管理可以帮助教师进行专业发展，提高教学水平。例如，学校的教学管理部门可以为教师组织各类培训和学术研讨活动，包括教学方法、课程设计、评价方式等方面的培训，提高教师的教学能力和专业水平。同时，管理者还可以为教师提供一对一的教学指导，帮助教师解决教学中遇到的问题。

（三）有利于节约教学成本

教学管理可以帮助学校和教师优化教学资源，合理安排教学时间和场地，从而降低教学成本。例如，教学管理可以鼓励教师自主开发教学资源，如教学课件、教学视频、教学文献等，减少对外部资源的依赖，从而节约教学成本。

（四）有利于增强教育竞争力

教学管理可以提高学校和教育机构的竞争力，提升学校品牌形象和声誉，为学校和学生创造更好的教育发展环境。

（五）有利于增强学生学习效果

教学管理可以通过制订教学计划、规范教学过程和评价机制等手段，提高学生学习效果，促进学生全面发展。

三、高职院校教学管理概述

高职院校的教学管理是一个系统性、综合性的工作，涵盖了课程设计、师资配备、学生发展、教学评估、教学资源和教学改革等多个方面。

（一）高职院校教学管理的任务和目的

高职院校教学管理的主要职责是遵循党的教育方针，实施相关政策，根据培养目标的需求，最大化地利用人力、物力和财力等资源。这需要通过有效的计划、实施、监督、指导和质量控制来实现，以培养出高质量的合格人才。这不仅是教学管理活动的基础，也是其预期的目标。

所有的高职院校教学管理工作都必须以此为中心，并致力于实现这一总体任务。虽然教学管理的总任务具有全局性和整体性，但为了实现这个总任务，还需要确定和完成一系列具体任务。

具体来说，教学管理的具体任务有以下几项。

第一，按照高职教育的办学定位和人才培养目标定位，不断深化教学改革，要及时学习和了解当今世界新技术发展趋势和国家建设的新形势，掌握社会对高职院校培养人才的需求特点，从高职院校的实际情况出发，吸取国内外职业教育的先进经验，认真研究人才培养模式、专业设置、课程体系、教学大纲、教学计划、教学方法等诸方面的现状、存在的问题和改进调整的最佳方案，解放思想、勇于创新，大力加强和深化教学改革。

第二，从教学过程的实际出发，组织教学管理人员学习教育理论和管理科学，分析教学过程中的各个环节和指导思想是否符合教学规律和教育目标的要求，发现问题，及时采取有效措施，进行正确的引导和必要的纠正。

第三，根据教学规律、教学大纲、教学计划和上级要求及高职院校的实际情况，建立健全教学工作的各项规章制度，制订各项教学工作的具体计划，并认真贯彻落实，从而稳定教学秩序，优化教学环境，保证教学任务的完成和教学效果的提高。

第四，充分调动教、学双方的积极性，发挥教师的主导作用，增强学生的学习自觉性和主动性。

第五，运用科学的质量管理理论、方法和手段，研究制订教学质量标准和教学质量评估办法，依据教学质量标准，对教学工作进行科学的严格的质量检查和有效的质量控制，确保教学质量的提高和教育目标的实现。

第六，加强校内实习实训基地的建设和管理，充分利用现有的实践教学条件在实践教学中发挥更大的作用。

第七，通过各种途径和方法，定期了解毕业学生和使用单位对高职院校培养人才的意见和建议，认真分析研究，吸取正确意见，作为改进教学管理、调整培养计划、提高教学质量的客观依据。

（二）高职院校教学管理的基本原则

教学管理原则反映了高职院校管理、现代科学管理的基本理论，以及教学管理本身的特性。所有高职院校教学管理的活动，无论是设定教学目标、控制教学过程、安排教学内容、选择教学方法，还是建立和完善教学管理规章制度，或者组织协调各方关系，都必须遵循教学管理原则的指导和规范。

任何有效的管理行为，都是教学管理者有意或无意地遵守某些教学管理原则的结果。在教学管理过程中，如出现管理不当，或忽视某方面，混淆主次的情况，其根本原因都是违反了正确的教学管理原则。因此，只有在正确的教学管理原则的指导下，教学管理才能有效地进行。

1. 坚持遵循教学规律的原则

教学规律，是反映教学过程中教与学本质关联的内在必然性，它体现在教与学双方在思想、知识、理论、能力和体质等方面的高迁移和高能动的转化中。只有在教师有目的、有计划地启发和指导下，学生才能主动积极地掌握知识、发展智能。例如，在讲授知识的过程中，要循序渐进，确保学生系统且牢固地掌握知识，适应学生接受能力的教学内容和难度。教学应坚持科学性与思想性相结合，理论联系实际，因材施教，以提高教学质量为核心，处理好政治与业务、基础知识与专业知识、理论与实践等关系。遵循教学规律的教学管理，能促进学生德、智、体、美、劳全面发展，违背这一规律的教学管理则会导致教学质量的下降。

2. 坚持正确教学方向的原则

在教学管理过程中，必须认真贯彻落实党的教育方针和政策，这些方针和政策是依据我国政治和经济发展的客观要求制定的。高职院校的职能体现了党的教育方针对高职教育的要求，高职院校主要培养德、智、体、美、劳全面发展的高技能人才，并通过输送合格人才，服务于国家社会主义现代化建设。在教学管理活动中，必须遵循高职院校职能的规定，全面发展学生的政治思想、专业知识和身体素质，将德、智、体、美、劳辩证地统一起来，保证教学工作的正确方向，培养合格的人才。

3. 实行民主管理的原则

在高职院校教学管理中，教学管理者应调动教职员工参与教学管理的积极性和主动性，依靠他们的智慧和力量来管理教学。教师和学生是教学第一线的主体，他们对教学情况最为了解，对教学工作有最大的发言权。只有充分发扬民主，尊重他们的意见，才能真正优化教学管理。同时，由于教学工作涉及学校的各个部门和单位，必须充分动员其他成员积极地关心、配合并参与到教学管理中来。如果教学管理忽视群众的角色，或者忽视民主管理的作用，就会导致主观主义和官僚主义的出现，从而使教学管理失去其客观基础。在实行民主管理的同时，也需要加强集中统一，否则只强调民主而忽视统一，可能会导致管理意见的不统一，不仅无法充分发挥教职员工参与教学管理的积极性，还可能导致教学管理的混乱。

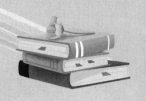

第二章　国内外高职教育的发展

第一节　国外职业教育的发展

一、德国职业教育发展

德国作为欧洲的重要国家，拥有仅有 35.7 万平方公里的国土和不足 8 000 万的人口，但在全球制造业中扮演着重要角色，其经济发展居于世界第三位。德国以其科技先进、产品质量优秀而闻名于世界，其"德国制造"更成为世界市场上高质量和高信誉的保证。这种成功背后的主要因素是德国发达的职业教育，它提供了技术精湛的产业工人队伍，为德国经济的崛起提供了不可替代的作用。

至今，德国职业教育以其完善的体系和独特的特色成为德国品质的注脚，成为经济发展的支柱，其双元制职业教育模式为全球职业教育发展提供了成功的范例。发达的职业教育被誉为德国的"经济腾飞的秘密武器""经济发展的柱石"，甚至是"民族存亡的基础"。

（一）19世纪之前

德国并不使用"高等职业教育"这一概念，但类似高等职业教育的机构有两种：一种是由各类中专改制建立的专科大学，另一种是校企合作联办的双元制职业学院。

德国的职业教育历史可以追溯到中世纪的手工业学徒制度。在这个制度下，徒弟需要接受师父的培训并经过严格的考核才能成为一名独立的工匠。这种制度在德国一直持续到17至18世纪。

随着工业革命的影响，德国社会和经济经历了巨大的变革。19世纪初，农民解放运动，以及关税同盟的成立打破了封建农业结构和德国各邦之间的关税壁垒。在这个背景下，德国的工业产值增长迅速，铁路和交通等基础设施也得到了快速发展，人口增长迅速。这种变化要求有更多数量和更高素质的劳动力，以适应工业化生产的要求。虽然传统的师徒制度在培训技能方面仍然起到一定的作用，但它已经无法满足工业化进程的要求。在工业化进程中，知识、技术和经验已成为与劳动相分离的独立成分，越来越知识形态化。因此，专门的教育机构和学校逐渐参与到职业培训中去。这些机构不仅可以提供更广泛和更深入的知识和技能培训，而且可以为学生提供更好的职业规划和职业发展的支持。

在德国，职业教育的发展一直以来都是政府和企业的重点关注领域。德国政府制定了全面的职业教育政策，并为职业学校提供充足的资源和资金支持。同时，德国的企业也非常重视职业教育，很多大型企业都与职业学校建立了紧密的合作关系，为学生提供实习机会和就业保障。这种校企合作的模式成为德国职业教育的一大特点，使得学生的职业发展和企业的需求更加契合。

德国的职业教育不仅注重技能培训，还注重素质教育。学生在职业学校不仅需要学习专业知识和技能，还需要培养创新能力、团队合作能力和社会责任感等素质。在职业学校的教育中，德国注重将职业技能与人文素养相结合，培养学生的综合素质。职业学校不仅会安排学生学习专业知识和技能，还会开设课程培养学生的创新能力、沟通能力、团队合作能力，以及社会责任感等素质。在教学实践中，职业学校鼓励学生参与实际工作，与企业合作开展项目，锻炼学生的实践能力和团队合作能力。职业学校也会组织学生参加社会公益活动，培养学生的社会责任感和公民意识。这种注重素质教育的职业教育模式，为德国职业教育的成功提供了重要保障，使德国的职业教育不仅能够培养出技术精湛的产业工人，还能够培养出具备创新能力和社会责任感的高素质劳动者，为德国经济的可持续发展提供了有力支撑。

（二）19世纪至20世纪

德国的职业教育在19世纪至20世纪初得到了快速发展，这也是"双元制"模式逐渐形成的时期。在19世纪初期，学徒不仅需要在师傅的手工作坊中接受职业培训，还要在星期日去教会开办的学校中补习普通教育知识。随着时间的推移，星期日学校逐渐演变为进修和就业学校，为职业教育提供了普通教育知识的补充。1873年，萨克森州首次实行对男性青年的3年制普通进修学校义务，而1919年魏玛共和国宪法规定了直至18岁的学校义务，这个义务主要通过国民学校和进修学校来实现。同时，进修学校的名称也在1920年共和国学校大会上改为了"职业学校"，即现代"双元制"职业学校。在这个时期，手工作坊和工业企业的培训与进修学校的教育相结合，形成了现代"双元制"培训模式的雏形。在这种模式下，职业学校不仅提供了职业技能的培训，还注重培养学生的创新能力、团队合作能力和社会责任感等素质教育。这种职业教育模式的形成和发展，不仅满足了当时工业化进程对劳动力的要求，也为后来的职业教育体系奠定了基础。德国的职业教育体系得以延续至今，并在全球范围内产生了深远的影响。

德国在1914年至1918年的第一次世界大战中受到重创，随后又经历了1923年的战后经济危机，经济陷入低谷。但从1924年开始，德国进入了一个稳定且迅速发展的时期，在1929年的几年中，生产逐步达到并超过了战前水平。这段时间被称为"黄金般的二十年代"。随着工业生产的发展，生产方式也在改变，出现了较大范围的劳动分工化批量生产。机械化和自动化的发展对劳动者提出了新的要求。在这个过程中，徒工培训也在不断发展演变。工业企业开始自己培训工人，配备专职培训人员的培训车间逐渐成为一种企业培训的形式。20世纪初，德国工业界开始大规模有系统地培训徒工，并在"黄金般的二十年代"逐步完善徒工培训。其中的标志有：一是培训工场数量的增加；二是成立的工商业会议教育委员会统一了培训合同的格式，并提出了相当于手工业学徒考试的专业工人考试；三是行业学徒和工种学徒及其不同的训练期限得到明确划分。在很长一段时间里，上职业学校在整个德国范围内不是义务的，直至1938年通过了"帝国学校义务教育法"，该法强制规定了职业学校的教育作为企业培训的伴随和补充。这标志着全德国范围内企业和学校合作的双元制培训模式在法律上得到规范。

在第二次世界大战结束后，德国经济遭受了严重的破坏和损失。为了恢复生产和促进经济发展，联邦政府特别注重职业教育和培训。在工商业界，职业培训成为继承传统和全面恢复工作的重要组成部分。从1948年开始，各州文化部长会议致力于统一各州各种形式的职业学校。1964年，联邦德国教育委员会在《对历史和现今的职业培训和职业学校教育的鉴定》中首次提出了"双元制"的概念，正式将企业与职业学校之间已存在了一百多年的"双元制"培训形式用公共语言表述出来。1969年，联邦政府颁布了《职业教育法》，主要涉及职业培训中培训企业与受培训者的关系、双方的权利和义务、培训机构和人员的资格认证、培训的监督和考试、组织管理和职业教育研究等方面内容。这个法律是联邦德国企业培训的基础。这个里程碑性的文件意味着"双元制"作为一个完整的培训体系完成了它的制度化过程，并将"双元制"确定在全联邦德国统一的法律基础上。

1990年10月，德国正式统一，对德国的职业教育产生了深远的影响。相比西部地区，东部地区的工业化水平较低，制度建设也落后，面临着重要的转型压力。为促进区域经济协调发展，德国政府颁布并实施了一系列有针对性的政策。1994 年，德国联邦教育和科学部提出了一些重点措施，以进一步强化职业教育，包括促进普通教育与职业教育相互融通、发展继续教育、加强职业教育的国际合作与交流、提高职业教育地位与水平等。1996 年 7 月 5 日，联邦政府、各新联邦州和柏林之间达成了"东部学徒岗位行动计划 1996"，旨在为东部学徒提供职业培训的机会，通过全面的职业培训来提高他们的技术技能水平和生产能力，从而缩小东、西部地区之间的发展差距。1999 年，德国政府颁布并于 2003 年正式实施了"青年应急计划"，该计划旨在通过反映市场和社会需求，为青年人提供就业机会，尤其是为长期失业的青年提供支持，从而减少青年失业现象。进入 21 世纪后，职业教育在德国经济社会发展中的地位更加突出，得到了政府的重视和支持。

（三）21 世纪

2001 年，德国联邦教育部发布了《2001 年职业教育报告》，提出要建立一个专业化、个性化、面向未来、机会均等、体制灵活而且相互协调的高质量职业教育体系。该报告的发布标志着德国政府对职业教育未来发展的方向有了更加清晰的认识，并对职业教育发展给予了高度肯定。次年，德国联邦职业教育研究所召开了主题为"21 世纪全球化社会的职业教育"的会议，德国政府在会上明确表示要继续坚持"双元制"职业教育的发展模式，强化校企合作，鼓励企业积极参与，同时注重学生职业道德和职业发展能力的教育，开展各种职业技能及就业培训，完善职业培训服务。2004 年 6 月，德国联邦政府与德国私营企业协会签署了《德国职业培训与技能型人才资源开发协定》，认为政府应与私营企业共同开展并承担职业教育与培训。从 2006 年开始，德国联邦教育与研究部通过"就业起步支持计划"支持德国职业教育与培训的发展，该计划旨在通过具体项目来资助那些缺乏培训经验或培训负担过重的企业。为促进职业教育健康发展，德国政府除了制定相关政策外，还颁布了一系列法律文件。2004 年，德国政府颁布了《联邦职业教育保障法》，从立法的层面保障职业教育的实施，并要求企业提供培训岗位。

2005 年前半年，德国联邦议会和联邦参议院共同努力，于 4 月 1 日颁布了新的《职业教育法》。新法的颁布充分体现了德国从本国经济社会发展的全方位角度出发，对职业教育法律法规不断做出调整的努力。新《职业教育法》第一条明确规定了职业教育的四种形式：职业准备教育、职业初级教育、职业进修教育和职业改行教育。新法还强调要加快职业教育改革与创新，以适应德国现代化发展的需要。加快实现职业教育的现代化，加强职业教育的国际合作与交流，打造职业教育的现代品牌，同时更加明确企业在职业教育发展中的地位和作用。德国将促进区域职业教育均衡发展作为切入点，在进一步继承发展"双元制"职业教育制度的基础之上，更加强调企业的参与，同时不断完善职业教育立法，加快职业教育现代化步伐，力求建立一个高质量的职业教育体系。

二、美国职业教育发展

当代美国的职业教育在全球范围中处于领先地位，对我国职业教育发展具有较强的借鉴作用。不过当代美国的职业教育也是经历了从弱到强的发展演变过程。以各阶段美国出台的职业教育法案为标志，可将美国的职业教育发展划归三个发展阶段。

（一）基本确立

美国的职业教育起源于美国南北战争期间，高等学府轻视农业技术，未能适应产业革命的持续发展，阻碍了美国农业机械化的进程，进而影响了美国的工业化进程。

为了促进本国工业的发展，美国开始加大对职业教育的投资，并加强对职业教育的立法。1862 年颁布的《莫雷尔法案》规定联邦政府向各州赠送土地，用于建立专门学院，教授农业和机械知识，以满足普通民众接受高等教育的需求。这个法案被称为"赠地法案"，建立的学院被称为"赠地学院"。该法案是在高等教育机构中开展职业教育的开端，也是美国立法支持职业教育的开端。

1917 年颁布的《史密斯-休斯法案》规定联邦政府成立职业教育委员会，进行调查研究，相应的研究报告用于各州政府开设职业学校和职业班，对学生进行农业、工业、商业和家政方面的教育培训。各州成立职业教育委员会，负责管理地方的职业教育经费、职业教育计划等工作。联邦政府与各州合作，提供农业、工业、商业和家政方面的师资培训。该法案还规定了联邦政府的教育资助金额、综合学校的办学形式，甚至职业科目和课程。这个法案奠定了美国职业教育立法的基础，提升了美国职业教育的地位，促进了美国职业教育的发展。在《史密斯-休斯法案》的推动下，联邦政府在农业、工业、商业和家政方面的师资培训和教育研究等方面的投资从 1917 年至 1918 年的170 万美元增加至 1932 年至 1933 年的 980 万美元。接受联邦政府资助的职业教育领域范围扩展至公共服务、临床护理、市场营销和军事工业等领域。《莫雷尔法案》和《史密斯-休斯法案》的颁布标志着美国职业教育制度的基本确立。

（二）快速发展

在提高美国职业教育质量方面，相继颁布的法律起到了重要的推动作用。1958 年，冷战背景下，美国颁布了《国防教育法》，将教育纳入国防安全范畴，规定各地要为当地居民开展职业培训和科技相关领域的培训，以及为青壮年和老年人筹措经费进行职业训练。这一法律的出台，扩大了职业教育的服务对象范围，促进了美国社区学院的发展。1963 年，美国又颁布了《职业教育法》，设立职业教育咨询委员会指导职业教育工作，将职业教育服务对象扩大至所有社区、所有年龄的居民，并强调职业教育应服务于社区各个群体，不受行业限制。该法案还批准了联邦的巨额拨款，对职业教育研究进行长期资助。在此法案的推动下，美国的技术学院和社区学院数量由1963 年的 701 所增加至 1977 年的 1 944 所，增长近 2 倍，取得了显著的成效。除了 1958 年颁布的《国防教育法》和 1963 年颁布的《职业教育法》以外，还有其他一些法律也对提高美国职业教育质量起到了重要的推动作用。例如，1964年颁布的《经济机会法》将职业培训列为一项重要的扶贫措施，为低收入人群提供了更多的职业教育机会。此外，1976年颁布的《职业教育和教育改进法案》也为职业教育的发展提供了支持和促进。在这些法律的推动下，美国的职业教育得到了大力发展。例如，在《职业教育法》的推动下，社区学院得到了快速发展，成为美国职业教育的重要组成部分。社区学院以提供适合社区需求的技术和职业培训为主要任务，覆盖了各个行业和领域，培养了大量的技术人才和专业人才。此外，一些专门的技术学院也得到了大力发展，如纽约州的菲利普斯技术学院和密歇根州的奥克兰社区学院等。总的来说，美国的职业教育在这一时期得到了法律的大力支持和促进，为社会各个层面提供了广泛的职业培训和技术培训机会。这些措施不仅帮助社会各阶层提高了就业竞争力，还为国家的科技创新和经济发展作出了贡献。

（三）内涵发展

进入20世纪80年代，美国的职业教育发展趋势向内涵式转变。在1985年的"2061计划"中，职业技术教育开始面向全员推广，普通教育与职业教育开始相结合。1990年，美国制定了《职业和应用技术教育法案》作为对《卡尔·波金斯职业教育法案》的修订，该法案规定了理论课程和职业课程的结合，学校和工厂的合作，同时强调职业教育要面向全员推广，提出了职业教育和普通教育相结合的目标。

1991年，《帕金斯职业和应用技术教育法案》通过，规定联邦政府每年向各州和地方政府提供总额达16亿美元的资金，以帮助其发展职业教育。1993年颁布的《2000年目标：美国教育法》规定了美国的评估和证书制度，推动了技能标准和职业标准的制定。国家技能标准委员会推动了技能标准在职业教育中的应用，并将其与职业证书相挂钩。1994年，《学校与就业机会法》保障了美国社区学院的发展，指出职业教育和就业要结合。

进入 21 世纪，美国又相继颁布多部职业教育相关的法案，使职业教育取得重大发展。2006 年，美国颁布了《伯金斯职业与技术教育法案》，着重强调了职业教育的公平性，要求各州教育部门应该预留一定资金用于边远地区和印第安土著的职业教育项目。几年后美国将职业教育与国家发展战略结合起来，推出了一系列相关政策和法律。例如，2009 年的《技能战略：确保美国工人和行业形成具有竞争力的技能》，2011 年的《美国创新战略：确保我们经济增长与繁荣》，以及哈佛教育研究院发布的《走向未来繁荣的路径》等，这都有力地促进了美国职业教育的发展，提升了职业教育的质量和水平。

三、法国职业教育

法国的技术教育萌动发展于专制政府的保护之下。早期西欧封建国家兴起了重商主义思想，统治者认为可以通过行使国家权力达到富国强兵的目的。于是，在这一思想的影响下，法国开始了早期对职业教育的干预。随着启蒙思想的萌生和技术的进步，法国人逐渐意识到普通教育已经不能满足经济发展的需求，开始强调教育与现实生活相结合，将教育发展的重心转移到职业技术教育上来。

（一）萌芽时期

1669 年，法国建立了炮兵技术学校，并为战争中的孤儿开设了贸易学校，这标志着法国职业教育的开端。18 世纪，法国陆续建立了一批专业性质的教育机构，如巴黎军官学校、海军造船学校等。

1767 年，法国国王特许证书中规定，每个社会成员应该获得独立从事动手生产的能力并注重所需专业基础知识的学习。这一推动下，巴黎皇家免费制图学校得以建立，并得到了蓬勃发展。

1786 年，罗什福科·利昂公爵创建了利昂库尔学校，为初等教育兼技术培训的私立学校，教授基本读写算知识和对军训生产有用的技术。法国军事扩张的需要促进了高等专科学校的创建，用来培养军事及该领域相关人才，成为这一时期法国职业教育发展的另一重要举措。

在18世纪末，法国爆发了大革命，新政权稳定后，改革和发展教育成为重中之重。1795年，法国建立了综合技术学校，即后来著名的巴黎理工学校，采用理论与实践相结合的教学方式，由优秀科学家任教，毕业生一般担任政府要职。拿破仑执政时期，在高等专门技术学校方面，法国建立了法科、理科、医科、工科、数学专科学校，以及培养中等师资的国立高等师范学校。

1833年，《基佐法》规定在城市设立的高级小学应该开设职业课程，并要求在中央和地方建立大规模的初等职业学校。拉马蒂尼埃职业学校成为法国历史上最具有悠久传统的中等技术教育机构，低年级注重学习理论课，高年级注重实际操作课程，在校内设实习场所，同时开展成年夜间讲座和贫穷儿童培训，为里昂工业发展培养了大批实用的技能人才。

1881年，法国教育部设置国立职业高级初等学校，1887年，《法国初等教育法》明确初等学校体系是单独的"一轨"，确立了职业教育在法国教育体系中的地位。伴随着行会制度的衰落，学徒训练和工作条件极度恶化，行会制度纷争不断，开始行会内部雇主能从学徒身上获得直接利益，随后因为合同规范使行会外部也发生了斗争。在这一时期，由于机器生产的发展，以及生产劳动分工的日渐细化，传统学徒制走向衰落，徒工训练学校兴起并和其他初等职业教育机构一起推动职业教育向更深方向发展，初等职业教育在法国教育体系中开始占有一席之地，法国中央和地方开始出现一些工厂学校、地方职业学校、专门学校等教育机构。随后，高等专科学校的出现与大发展为法国各行业领域输送了专门的人才，成为推动法国社会继续向前的动力。

总之，法国职业教育的发展始于18世纪，经历了一系列的变革和发展，从最初的专业性质教育机构，到综合技术学校、高等专科学校的建立，到职业教育在法国教育体系中占有一席之地，法国职业教育始终处于不断发展和完善之中，为法国社会和经济的发展作出了积极贡献。

（二）发展时期

在 20 世纪初，法国经济迎来了首次腾飞，随之步入了工业化发展的道路。在此背景下，法国政府开始加大职业技术教育的改革力度，并逐步确立了职业技术教育制度。

针对学徒制的衰落，政府投入更多经费用于职业培训，并致力于改善教育设施和师资状况。为了加强对职业教育的管理，法国政府引入了职业技能证书制度，并成立了地方技术教育委员会。经过不懈的努力，法国在 20 世纪中叶基本确立了职业技术教育制度。

在 1911 年，法国设立了职业能力证书，并于 1919 年通过了被誉为法国"职业技术教育宪章"的《阿斯蒂埃法案》，规定了国家承担发展职业技术教育的责任。法案中将职业技术教育划分为初等、中等、高等三级教育体系。此后，法国政府继续加大对职业技术教育的投入，并进一步发展完善了职业证书制度，为学生的就业质量提供了更大的保障。同时，法国政府大力推动学校职业教育的发展，为各类职业教育机构提供政策和经费支持。在法国的职业教育体系中，商工科学校、技术学校、职业学校、国立职业学校等各类机构得到了较快的发展，为法国各行业领域输送了专门的人才。

除此之外，法国政府还设立了职业培训中心，为 14～18 岁的青年提供职业培训服务。在这一时期，法国政府借鉴引进欧洲其他国家的发展经验，并加强职业教育的制度化探索，为职业教育的进一步发展打下了坚实的基础。

（三）成熟时期

在第二次世界大战结束后，新的产业革命催生了信息技术的发展，成为经济发展的重要推动力之一。各国的发展需要依赖于高精尖技能人才的培养和一线技术人员的智力水平、理论知识、实践能力。因此，职业教育的发展与国家发展的快慢、个人前途的好坏息息相关。法国政府为了增强国际竞争力，保持大国地位，重视国民教育的发展，并把职业技术教育的发展放在重要位置，纳入整个国民教育体系之中。

从 20 世纪 50 年代末开始，法国职业教育进入了快速发展时期。1947年，提出了战后法国教育改革的原则，并建议义务教育年限为 12 年（6～18岁），其中包括互相连接的三个分段：基础期、定向期、确定期。义务教育期结束后，有能力的学生可以继续接受更高等级的教育。该方案指导了法国战后教育的重建和整体改革，职业教育被设计在整个学校教育体系之中，加强了初等教育和中等教育的衔接，并在意识形态领域强调了各行各业的价值平等性，提高了职业教育学生的社会地位。

1958 年，戴高乐政府重视发展法国经济，强调职业教育与经济之间的密切关系。经过多次调整，成立了由公立学校、工厂主和工人代表组成的"全国职业训练局"，实行教育行政管理，加强职业教育和其他教育机构之间的联系。1959 年，中等职业教育方面的《教育改革法》强调进一步延长和普及义务教育，同时改变中等教育"双轨制"的现状，将长期技术教育和短期技术教育纳入中等教育体系。1966 年，在高等职业教育方面，法国政府创设了"短期技术学院"，满足了一部分职业教育的学生接受高等教育的需求，为接受职业技术教育的学生打开了大学的大门。

（四）繁荣时期

随着信息技术的快速发展，21 世纪各国都意识到发展职业技术教育是提升人力资源的重要途径，尤其是在经济全球化的背景下。欧盟一体化的影响下，法国也越来越注重职业教育的发展，提高其社会地位，并营造全社会尊重职业教育的氛围。

从 1998 年开始，法国陆续发布了一系列调查报告，致力于提高职业教育的地位。1999 年，《面向 21 世纪的高中》明确了法国高中的发展目标，强调要保持普通教育和职业教育同等的发展环境，让每个高中生掌握必备的综合知识和专业技能。

进入 21 世纪以来，法国职业教育得到迅猛发展，注重引导学生的职业方向，融合各学科知识，注重实践学习和职业训练，提高从业人员的质量。2002 年，法国成立了"职业认证国家委员会"，更新职业资格证书目录，了解就业市场的需求，更新考试要求和明确职业资格证书间的关系。

第二节　我国高职教育的发展

一、萌芽期

我国高职教育的发展历程始于 20 世纪 80 年代，当时建立的首批职业大学标志着我国高等职业教育的初步起步。回溯到 20 世纪 80 年代，我国社会的各个领域正处于迅速重建和复苏的阶段，发展经济和强化国力成了那个时期的主导主题。人才成为推动经济发展的关键因素，只有拥有高业务水平的人才，才能为社会发展提供持续动力。因此，一些经济发达地区开始构想创办职业大学，以缓解经济发展目标与人才供应之间的矛盾。1980 年，国家教委建立了首批 13 所职业大学，为我国高等职业教育奠定了基础。随后的几年里，随着改革开放的深入，我国的职业教育发展逐渐加强，例如，1983 年发布的《关于调整改革和加速发展高等教育若干问题的意见》提出鼓励大城市、经济发展较快的中等城市和大企业开设高等专科学校和短期职业大学。

1985 年 5 月，《中共中央关于教育体制改革的决定》提出要积极发展高等职业技术院校，优先对口招收中等职业技术学校毕业生，以及有本专业实践经验、成绩合格的在职人员入学，逐步建立起一个从初级到高级、行业配套、结构合理又能与普通教育相互沟通的职业技术教育体系。这极大地推动了我国高等职业教育的早期发展。

然而，由于人才培养目标和模式尚处于探索阶段，高职教育在此期间未能充分展现其特色，很多职业大学都在有意或无意中模仿普通高等学校。总体来说，职业大学在 20 世纪 80 年代的兴起可以看作是由于高等教育规模不足引发的专科教育扩展的一部分，虽然对高等职业教育进行了初步的尝试，但其培养规范和模式尚不清晰，使得高职教育在那个时期仍处于发展的萌芽阶段。

二、发展期

在 20 世纪 90 年代初期，我国高职教育进入了飞速发展的阶段。1990 年，虽然在广州召开的全国普通高等专科教育工作座谈会上，专家们主张高职教育应当"分流"，然而这个观点并未被广泛接受。许多学者坚持认为，高职教育也是大学教育的重要部分，不应被区别对待。然而，随着时间的推移，到了 1995 年，高职教育的"分流"理念开始在我国逐渐被接受。

1996 年，"三改一补"方针的确定和《中华人民共和国职业教育法》的颁布，标志着高职教育已经进入规范化和特色化的发展轨道。1999 年，《中共中央、国务院关于深化教育改革全面推进素质教育的决定》进一步明确了高职教育在我国高等教育体系中的核心地位。同年，《中华人民共和国职业教育法》也将职业教育细分为初级、中级和高级，使我国的职业教育体系更加细致。

自 1998 年以来，我国的高等职业教育已经步入"快车道"。新设立的教育部高度重视高职教育的发展，并通过改革将原本分散在高教司、职教司和成教司的职能统一到高教司，从行政角度上整合了高职教育的管理体系。由于高等专科教育、高等职业教育和成人高等教育在培养模式上有很多相似之处，都是以"培养高等技术应用型专门人才"为主要目标，故教育部提出了"三教统筹、协调发展"的策略。也就是说，这三者应当按照共同的目标，即培养高等技术应用型专门人才，相互学习，共同提升，协同攻关，各展特色。自此，我国的高职教育步入了快速发展的新时期。

三、繁荣期

步入 21 世纪，我国的高等职业教育迎来了重要的繁荣与发展阶段。就招生数量而言，高等职业院校的在校学生人数在 2005 年已经突破了 700 万，占据了高等教育总人数的近一半。

在这个社会主义现代化新时代的背景下，我国的高等职业教育取得了更大的突破。具体来说，到 2015 年，我国高职教育在校生人数首次超过了 1 000 万，达到了 1 006.63 万。截至 2022 年 5 月 31 日，全国高职（专科）院校的数量已经增长到了 1 489 所。同年 6 月，高职院校的毕业生人数也已接近 500 万。

总的来看，我国高职教育的改革与发展在过去的几年里取得了显著的成效。从明确职业教育的定位和职责，到加快现代职业教育体系的顶层设计；从深入推动产教融合和校企合作，到主动服务于经济和社会的发展；从推动"人人有才华"的理念，到服务于"人人都有展现自己才华的机会"，我国的职业教育在新的历史时期取得了显著的成就，并实现了跨越式的发展。

此外，高职教育的发展还推动了社会的包容性和多样性，为不同背景和能力的学生提供了丰富的学习和发展机会。职业教育的多元化和实践性，满足了社会对多元化技能人才的需求，为我国的经济发展注入了强大的动力。同时职业教育的普及和发展，也促进了我国社会公平与公正，使每个人都有机会获得高质量的教育，实现自我价值。

第三章　教学管理的理论基础

第一节　以人为本

一、以人为本简述

以人为本理念是如今教育教学领域的重要理念之一，是实现现代化教学管理的重要组成部分，应该在实践中得到广泛的应用和推广。只有在关注和尊重学生的个性和需求的前提下，现代教学管理才能更好地发挥其应有的功能。

（一）以人为本理念的渊源

"以人为本"的观念在中国文化中有着久远的根源，其起源可追溯至西周时期，约在 3 000 年前。春秋时期的齐国大臣管仲是首个明确提出此思想的人。在他的著作《管子》中，他告诉齐桓公："霸王之所始也，以人为本。本理则国固，本乱则国危。"这段话强调了以人民为核心进行国家建设的重要性，只有这样，国家的稳定和繁荣才能得到保障。从管仲的观点可以看出，

"以人为本"实际上是指"以人民为本"。在古代中国的文献中，"人"与"民"常常被连用，形成一种词组。例如，《诗经·大雅·抑》这部最古老的诗集中就有这样的句子："质尔人民，谨尔侯度，用戒不虞。"这句话表达的是君主需要精明地管理人民，时刻保持警觉，并严格执行法律以防止突发事件。唐太宗李世民也曾有过类似的表述："民可以载舟，亦可以覆舟。"这句话揭示了人民的力量既能推动国家繁荣昌盛，也可能引发国家的衰落，如果人民遭受伤害或被忽视。

在古代中国的文献中，"以民为本""民为邦本""民为贵"等观念频繁出现。这些说法可能会让人误认为在中国历史上只存在"以民为本"的观念，而没有西方的以人为本思想。然而，实际上，"以人为本"和"以民为本"的含义是基本一致的。孟子曾经强调过"民为贵，君为轻"，同时，他也认为土地、人民和政治是诸侯的宝贵财富。这一点表明孟子的"民为贵"实质上也是以人为本的理念。总的来说，"以人为本"的精神是中国传统文化的核心要义，也是现代社会发展的必要条件。我们需要在继承传统文化的同时，进行创新和超越，将以人为本的理念融入现代社会的每一个环节中，从而推动社会的持续稳定发展。

（二）以人为本理念的内涵

科学发展观的核心理念就是"以人为本"，它突出了人在所有事物发展过程中的重要性，并构成了推动所有事物发展的基石。这种理念着重于在科学发展过程中，应以满足人民的需求为首要任务，从而达到全面、协调且可持续的发展。建立在全面、协调且可持续发展的基础之上的以人为本的发展观，要求我们在追求发展的同时，必须考虑经济、社会、文化等各个方面的因素，确保人类的发展和幸福。

这种理念的主导思想是统筹兼顾，即在发展过程中，应平衡各种利益关系，协调各类矛盾和冲突，以实现全面、协调的发展。在实践过程中，需要以人为本，把人民的生产生活需求置于首位，引导发展方向，真正保障人民的利益。只有这样，才能实现经济、社会、文化等各个方面的全面、协调且可持续的发展，促使人类社会持续向前进步。

这里的"本"意指事物的根本和基础，与末端相对。"以人为本"是以人类为社会发展的中心和核心，是推动社会进步的出发点。这个理念的基本要求是全面、协调、可持续的发展，根本方法是统筹兼顾。这意味着，在社会发展过程中，需要全面和协调地考虑社会、经济、环境、文化等各个领域，以满足人类的基本需求，并同时保证生态环境的保护和文化传承的可持续性。在实际操作中，各级政府、企业、组织和个人都需要积极参与，以全面、协调、可持续的方式推动社会的发展。

总的来说，作为科学发展观的核心，以人为本的理念强调了把人类的利益和需求置于社会发展的核心地位的重要性。实践这个理念需要各方的积极参与和协调合作，推动全面、协调、可持续的发展，满足人类的基本需求，保护生态环境和文化传承，提升社会进步和人类福祉。

二、以人为本在教学管理的应用

以人为本作为教学管理的基础理念，强调将学生放在教育过程的核心位置，关注学生的需求和发展，以帮助学生实现其潜力和目标。在具体的教学管理方面，该理念可以通过以下方式应用。

（一）教学管理关注学生个性化需求

以人为本的教学管理应该关注学生的个性化需求，包括学习风格、兴趣爱好、学习速度等，通过差异化教学方法，为每个学生提供适合自己的教育资源和支持。要了解学生的学习风格和兴趣爱好，可以通过问卷调查、个人面谈、课堂观察等方式，更好地了解学生的需求。要设计差异化教学方案，根据学生的学习风格和兴趣爱好，采取不同的教学策略和方法，如以实践为主的教学方式，或者以讨论和互动为主的教学方式，从而更好地满足学生的需求。要提供个性化学习资源和支持，根据学生的学习需求，为每个学生提供适合自己的学习资源和支持，如推荐特定的教材、提供个性化的辅导或支持。要给予学生更多选择，强调学生的主动性和自我管理能力，给予学生更多选择的机会，如自由选择课程、研究课题等，让学生更好地发挥自己的特长和兴趣。要评估学生的个性化学习效果，采用多种评估方法，如对学生进行个性化评估、定期跟踪学生的学习进展等，从而更好地了解学生的需求和进展。

（二）教学管理加大对于学生的鼓励力度

鼓励式教学管理是以人为本的一种教学管理方式，旨在激励学生发挥自己的潜力，建立良好的学习态度和自我认知，从而实现教育目标和学生发展。

1. 建立积极的学习氛围

鼓励式教学管理强调积极的学习态度和自我认知，教师可以通过在课堂上创造积极的氛围，例如，鼓励学生发言和分享自己的想法、给予学生认可和鼓励等方式来激发学生的学习动力和积极性。

2. 设立学习目标和奖励机制

学生需要清晰的学习目标和奖励机制来激励自己的学习积极性。教师可以为学生设立明确的学习目标和阶段性的奖励机制，例如，赞扬、表扬或者一些小礼物等，激发学生的学习动力和自我认知。

3. 提供积极反馈和支持

鼓励式教学管理也需要教师提供积极的反馈和支持，鼓励学生继续前进。教师可以定期与学生进行沟通和互动，以帮助学生克服挑战和困难，并鼓励学生在学习过程中保持积极的态度。

4. 鼓励学生创新和探究

鼓励式教学管理注重学生的自我发现和创新，教师可以通过课堂探究和创新性项目，例如，小组研究、个人探究等，为学生提供积极的学习环境和资源，激发学生的学习兴趣和探索精神。

5. 建立学生和教师之间的信任和互动

鼓励式教学管理还需要建立良好的学生和教师之间的关系，建立互信和互动的平台，为学生提供安全和支持的学习环境，激发学生的学习热情和自信心。

（三）教学管理关注师生关系

以人为本的教学管理应该关注学生与教师之间的关系，建立信任和尊重的沟通渠道，建立积极的师生互动，为学生提供温暖和支持。

1. 建立开放性沟通渠道

教师应该建立开放性的沟通渠道，鼓励学生随时提出问题、提出意见和建议。教师应该认真倾听学生的意见和看法，并对学生提出的问题作出适当回应。

2. 关注学生的情感和心理

教师应该关注学生的情感和心理健康，为学生提供情感上的支持和安全感。例如，通过谈话、建议、课堂反馈和一些小活动等方式，帮助学生缓解学习压力和情绪上的困惑。

3. 尊重学生的个人价值观

教师应该尊重学生的个人价值观和信仰，不歧视任何人。教师应该鼓励学生分享自己的想法和经验，并鼓励学生从不同的角度去思考和探索问题。

4. 帮助学生攻克难关

教师应该为学生提供支持和鼓励，帮助学生在学习中攻克难关。教师应该建立良好的师生关系，以使学生在学习中更自信、更积极、更有动力。

5. 科学合理评估学生表现

以人为本的教学管理应该关注学生的学习表现，不仅关注分数和成绩，还要了解学生的兴趣、热情、探究精神等方面，从多个角度对学生进行全面评估，为学生提供更好的学习支持和反馈。

第二节　全面发展

一、全面发展简述

全面发展是指在物质、精神、文化、政治、经济等各方面实现全面、均衡、协调、可持续的发展。全面发展理念强调了人的多重属性和综合素质的培养，要求实现个人的全面发展同时也要保障社会的全面发展。

全面发展理论的来源可以追溯到马克思主义的人本思想，强调了人的全面发展是社会发展的目标和基础。在我国，全面发展理念也是在改革开放以来逐渐形成的。

全面发展理念的本质是把人作为发展的主体，注重人的全面性，将个体的身体、心理、认知、文化、社交等多个方面的发展作为发展的目标。它的意义在于，可以提高人的全面素质和能力，提高生产力，促进社会的发展，创造更多的个人和社会的价值。

如今，全面发展理念已经在我国得到了全面深化发展，在党中央的正确领导下，全面发展也被赋予了更加深刻的含义。我国全面发展理念主要强调人的全面发展，这对于当代教育领域的创新和改革提出了更高的要求。

在现代教学管理事业中，全面发展理念的具体实践可以体现在教学目标、教学内容、教学方法等方面。例如，教学目标不仅要关注学生的专业技能和专业知识，还要关注他们的个性发展和素质培养；教学方法不仅要重视课堂实践，还应该注重个性化和多样化的教学方式，鼓励学生通过小组讨论、互动式问答、课外实践等方式提高学生的综合素质。总之，全面发展理念是如今我国教育事业中的重要指导思想，对于推动教育教学的创新和发展具有重要的意义。

二、全面发展在教学管理的应用

全面发展理论是一种重视学生个体多元化和全方位发展的教育理念。在教学管理中，全面发展理论具有重要的指导作用。

（一）发展学生的全面能力

全面发展理论强调不仅要发展学生的学术能力，也要注重他们的社会情感能力、身体健康、艺术修养等。在教学管理中，可以通过开展多元化的课程和活动，帮助学生在各个方面都得到发展。因此，在教学管理中，应该注重开展多元化的课程和活动，以帮助学生在各个方面都得到发展。举例来说，在学术能力方面，教师应该注重培养学生的创新思维、批判性思维和解决问题的能力，而不是只注重他们的记忆能力。在社会情感能力方面，学校应该注重学生的情感教育，帮助学生建立积极的人际关系和团队合作意识，培养学生的领导能力和沟通能力。在身体健康方面，学校应该注重体育锻炼和健康教育，帮助学生养成健康的生活习惯，培养他们的体能和协调能力。在艺术修养方面，学校应该注重美育教育，让学生接触不同形式的艺术，培养他们的审美意识和创意能力。

此外，为了实现学生的全面发展，教学管理中还需要注意以下几个方面：要制定多元化的课程计划，包括各种学科、社会实践、体育和艺术活动等；要建立开放式的教学模式，鼓励学生探究性学习和自主学习；要建立良好的师生关系，培养教师的专业素养和教学能力；要建立全面评价体系，注重对学生全面能力的评价和反馈。

（二）构建全面的评价体系

在全面发展理念的主导下，教学管理要注重对学生全面能力的评价和反馈。评价体系应该包括学生在各个方面的表现，例如学术成绩、社会情感能力、体育健康状况、艺术创造力等，从而全面地评价学生的发展。

1. 学术成绩评价

学术成绩是评价学生学术能力的重要指标。管理阶层和教师群体要根据学生的考试成绩、论文成绩、作业完成情况等来评价学生的学术能力。

2. 社会情感能力评价

社会情感能力评价可以包括学生的沟通能力、团队合作能力、领导能力等方面。管理阶层和教师群体要通过学生的社交活动、社会实践、课堂讨论等来评价学生的社会情感能力。

3. 体育健康评价

体育健康评价可以包括学生的身体素质、运动技能、健康状况等方面。管理阶层和教师群体要通过学生的体育课成绩、体测成绩、运动会表现等来评价学生的体育健康状况。

4. 艺术创造力评价

艺术创造力评价可以包括学生的艺术表现、审美能力等方面。管理阶层和教师群体要通过学生的艺术作品、艺术比赛表现等来评价学生的艺术创造力。

除了以上几种评价方法外，管理阶层和教师群体还可以采用综合评价的方式，综合考虑学生在各个方面的表现和能力，制定科学的评价指标和方法，从而更全面地评价学生的全面能力。

第三节　创造性发展

一、创造性发展简述

创造性发展理念是一种倡导创新、创造性思维和创新技能的教育理念。这是一种以提高学生创造力和创新能力为主要目标的教育观念和教学策略。

创造性发展理念强调学生应具备创新思维和创新能力。它追求的是学生独立思考、解决问题和创新的能力，而不仅是知识的记忆和复制。创造性发展理念所包含的关键要素有创新思维、创新技能、创新环境、创新文化。其中，创新思维指学生独立思考，解决问题的能力。创新技能指学生创新的技能和方法，包括创新的研究、设计和实施。创新环境指充满挑战和机遇的学习环境，鼓励他们探索和尝试。创新文化指接受失败、持续尝试的学习文化。

在教育教学事业中，充分融入创造性发展理念，具有充分的现实意义。对于学生而言，有利于提高他们的创新思维和创新能力，为他们未来的学习和工作打下坚实的基础。对于教育事业而言，有利于推动教育改革，使教育更加符合时代的需求。对于社会而言，有利于培养出更多的创新人才，推动社会的进步和发展。

二、创造性发展在教学管理的应用

教学管理作为教育体系的重要组成部分，其核心目标是创造一个良好的教育环境，使教师和学生能够有效地进行教学交流，同时提高教育质量。在此过程中，创造性发展起着至关重要的作用。通过借鉴和利用创造性发展的理念和方法，教学管理可以从传统的、线性的、单一的管理模式转向更加开放、多元、动态和创新的管理模式。

（一）创造性发展在教学管理的具体实践

创造性发展的核心思想是鼓励创新和自由思考，强调个体的独特性和潜能。在教学管理中，这意味着要尊重和欣赏每一个教师和学生的独特性，鼓励他们发挥自己的优势，同时也要提供一个允许他们探索新的可能性和方法的空间。这样的教学管理模式不仅可以激发教师和学生的积极性和主动性，也可以提升教学效果和教育质量。

创造性发展的教学管理强调教师的专业发展。通过鼓励教师进行持续的专业学习，提供相关的资源和支持，教学管理可以帮助教师更新他们的教学理念和方法，提升他们的教学技能和能力。此外，通过鼓励教师进行教学创新，教学管理也可以激发教师的创新精神和动力。

创造性发展的教学管理也强调学生的个性化发展。通过提供多元化的教学方法和资源，教学管理可以满足不同学生的学习需要，帮助他们发挥自己的学习潜能。同时，通过鼓励学生进行自我学习和探索，教学管理也可以培养学生的自主学习能力和创新能力。

创造性发展的教学管理还强调教育环境的创新和改革。通过改变传统的教室布局，提供更加灵活和多元的教学空间，教学管理可以创造一个更有利于教学交流和学习的环境。同时，通过引入新的教育技术和工具，教学管理也可以提升教学效率和效果。

总的来说，创造性发展的教学管理是一种注重创新和个性化的管理模式。它赋予教师更大的教学自由度，激发学生的创新思维和主动学习能力，同时也推动教育环境的改革和优化。只有在这样的环境下，教师和学生才能真正实现自我发展，教育质量才能得到有效提升。

（二）创造性发展在教学管理的注意事项

在实施创造性发展的教学管理时，应注意如下几方面注意事项。

第一，尊重和欣赏每个教师和学生的独特性。每个人都有自己的优势和潜能，应该鼓励他们发挥这些优势和潜能，而不是试图将他们塑造成某种固定的模式。

第二，鼓励创新和自由思考。创新是教育发展的驱动力，只有通过创新，教育才能不断前进。应该鼓励教师和学生进行创新，同时也要提供足够的空间和机会让他们自由思考。

第三，提供多元化的教学资源和方法。不同的教师和学生可能需要不同的教学资源和方法，应该提供足够的教学资源和方法，以满足他们的需要。

第四，注重教师的专业发展。教师是教育的主体，他们的专业发展直接影响到教育的质量。应该提供相关的专业发展机会，鼓励教师进行持续的专业学习。

第五，注重学生的个性化发展。每个学生都是独一无二的，应该尊重他们的个性，提供个性化的学习资源和方法，以帮助他们实现自我发展。

第六，推动教育环境的创新和改革。教育环境对教学效果有重要影响，应该努力改善教育环境，使其更有利于教学和学习。

第四节　素质教育

一、素质教育简述

21世纪以来，知识经济已见端倪，世界范围内的科技竞争、经济竞争，尤其是人才的竞争日趋激烈，国力的强弱越来越取决于劳动者素质的高低，取决于各类人才的质量和数量，教育在综合国力形成中处于基础地位，承担着培养高素质人才的重任。一些教师甚至校长仍然认为素质教育不好具体操作，难落实，于是工作仍停留在喊口号、走过场、摆形式上。为此，加强对素质教育思想的认识，是摆在广大教育工作者面前的一项艰巨而紧迫的战略任务。

素质教育，是以全面提高人的基本素质为根本目的，以尊重人的主体性和主动精神，以人的性格为基础，注重开发人的智慧潜能，注重形成人的健全个性为根本特征的教育。素质教育，是社会发展的实际需要，要达到让人正确面对和处理自身所处社会环境的一切事物和现象的目的。

素质教育所包含的内容十分丰富，对其进行大致分类，可划分为八类，具体如表3-1所示。

表 3-1　素质教育包含的内容

素质教育包含的内容	
创造性能力的培养	创造是社会发展的前提。创造性是生产力发展和社会文明发展的基础。创造能力培养特别应贯穿于幼儿教育、义务教育，并且直到高等教育阶段
自学能力的培养	自学能力是学生在已有的知识水平和技能的基础上，不断独立获取新知识并运用这些知识的保障
社会公德教育	社会公德是人类社会都应该遵循的人与人相处的行为准则和规范。每一个人在生长发育的过程中，必须学会遵守社会公德，完成心理和精神上的进化和成熟，从为生存而生存、自私、野蛮的动物本性的禁锢中解放出来
世界观教育	世界观是人们对整个世界的根本看法。科学的世界观必须在不断学习自然知识和社会知识的过程中逐步形成
人生观教育	人生观是人们对人生的根本看法。主要包括人生目的、人生态度和人生价值
劳动教育	劳动教育，可以使学生树立正确的劳动观点和劳动态度，热爱劳动和劳动人民，养成劳动习惯的教育，是人德智体美劳全面发展的主要内容之一
终身学习教育	任何学生都必须在生产实践中根据需要不断学习、充实、完善。因此，每个人还必须把培养自己不断学习、善于学习能力放在重要地位。现代人必须终身学习
审美教育	审美教育着重培养人的审美态度、审美能力和审美情趣，对人的自我完善和发展具有极大的促进作用

二、素质教育在教学管理的应用

将素质教育的理念融入教学管理，需要打造一个重视学生各项素质的教学环境，在这样的环境和氛围中，大力支持学生综合素质的发展，同时也对教师的专业发展给予支持。

（一）大力激发学生的创新素养

激发学生的创新素养是素质教育的核心目标之一，对于学生的个人成长和社会发展都有着重要的作用。以下是一些具体的方法和建议。

1. 创新思维的培养

鼓励学生提出问题，独立思考，挑战现有的知识和观念。教师可以在教学中引导学生进行批判性思考，激发他们的好奇心和探索精神。

2. 实践学习的机会

提供更多的实践学习机会，让学生在实践中学习和成长。这可能包括实验、项目学习、社区服务、校外实习等。

3. 创新环境的营造

创建一个鼓励创新的环境，包括提供创新的教学方法、引入最新的教育技术、开设创新相关的课程和活动等。

4. 失败的接纳和鼓励

创新往往伴随着失败，需要接纳和鼓励失败，帮助学生从失败中学习和成长。教师和家长都应该提供支持和鼓励，让学生不怕失败，敢于挑战。

5. 团队协作的培养

创新往往需要团队的合作，应该培养学生的团队协作能力。这可能涉及小组学习、团队项目、学生组织等。

6. 榜样的示范

通过引入创新的成功案例和人物榜样，来激发学生的创新意识和创新精神。

7. 创新能力的评价

应该将创新能力纳入评价体系，以激励学生的创新行为。这可能涉及创新思维、创新实践、创新成果等方面的评价。

（二）强化通识性文化普及教育

通识性文化知识，也被称为广义教育或自由艺术教育，旨在提供一种广泛而平衡的知识基础，以提高学生的批判性思考、创新能力和领导力，培养他们成为有教养的综合素质型学生。将素质教育理念与教学管理进行融合，需要从以下途径来着手。

1. 丰富的课程设计

设计和实施跨学科的课程，涵盖人文科学、社会科学、自然科学和数学等多个领域。这种课程应该鼓励学生从多个角度去思考问题，理解世界。

2. 多元的教学方法

采用探究式学习、讨论式教学、问题解决式学习等教学方法，以激发学生的批判性思考和创新思维。教师应该充当学生学习的引导者，而不仅是知识的传授者。

3. 海量的学习资源

提供丰富的学习资源，包括文本、图像、音频、视频、网络资源等，以满足学生的多元化学习需求。同时，鼓励学生利用这些资源进行自主学习和探究。

4. 广泛的文化活动

组织和开展各种文化活动，如讲座、展览、电影放映、文化旅行等，以增强学生对多元文化的理解和欣赏。

第四章　高职教学过程管理

第一节　教学过程管理的相关概念

一、教学过程管理的定义与内容

教学过程管理，如同一支精妙绝伦的交响乐，在教师的巧妙指挥下，各个音符——教学计划、教学活动、评价与反馈——相互交织、和谐共鸣，共同演绎出优质教育的华美乐章。教学管理还是一种精心策划、深思熟虑的活动，如同园丁照料花朵，不仅需关注每一颗种子的种植，还需关心每一个细节的调整。在这一过程中，任何环节都至关重要，无论是教学计划的制定、教学活动的组织，还是评价与反馈，都需要教师提起高度的关注。

（一）教学过程管理的定义

教学过程管理是一种精细且系统的活动，旨在通过有效地组织、协调和控制，使教学活动有序、有效地进行，从而实现预定的教学目标。

简言之，教学过程管理是指在教学过程中，通过有效地组织、调度和控制教学活动，以实现教学目标的一种管理活动。它涉及的主要内容包括教学计划、教学组织、教学实施、教学评价等多个环节。

具体来说，教学过程管理是一种目标导向的活动。在任何一个教学活动中，教学目标的首要任务就是确保所有的教学活动都围绕着教学目标进行，而不是偏离或背离目标。同时，教学过程管理也是一种组织协调的活动。教学活动涉及多个环节，如教学计划的制定、教学内容的组织、教学方式的选择、教学进度的控制、教学效果的评估等。教学过程管理就是要有效地组织和协调这些环节，使它们形成有机的整体，共同推动教学目标的实现。在发展与变化的辩证视角下，教学过程管理也是一种促进教育教学事业不断改进和优化的活动。

教学过程管理不仅关注教学活动的当前状态，更关注教学活动的持续改进。通过对教学效果的反馈和评估，教学过程管理能够发现教学活动的问题和不足，提出改进措施，推动教学质量的不断提升。

（二）教学过程管理的内容

教学过程管理的内容包含许多细分条目，但是从大体上来看，教学过程管理的内容主要包括教学计划、教学活动、教学评价三大方面。

教学计划管理是教学过程管理的起始点，包括教学目标的确定、教学内容的选择、教学方式和方法的设计、教学进度的安排等。一个好的教学计划能够指导整个教学过程的进行，是教学过程管理的基础。

教学活动管理是教学过程管理的核心，包括教学内容的呈现、教学方法的实施、教学情境的营造、教学互动的引导等。教学活动管理要求教师灵活运用各种教学策略，激发学生的学习兴趣，提高教学效果。

教学评价管理是教学过程管理的重要反馈环节，包括对学生学习效果的评价、对教学方法的评价、对教学过程的评价等。通过教学评价，教师可以及时了解教学效果，对教学活动进行反思和改进。

总的来说，教学过程管理的内容是多元化和动态的，需要教师在实践中不断地学习、反思和创新，以实现教学目标，提高教学质量。

二、教学过程管理的目的与任务

教学过程管理的目标和任务是提升教育的质量和效率，以更好地满足学生的学习需求，促进他们的全面发展，同时也为教师的专业成长提供支持。具体而言，其目标和任务可以从以下几个方面进一步阐述。

（一）提升学生学习成效

教学过程管理的核心目标是通过有效的教学设计和实施，提升学生的学习成效。在这个过程中，不仅要关注学生的知识掌握和技能应用，还非常重视学生综合素质的提升。鼓励和培养学生发展创新思维，学会批判性思考，并能够在团队合作中展现出领导力和协作精神。

学生的知识掌握和技能应用是学习成效的基础。在教学过程管理中，教师通过制定明确的学习目标，设计科学的教学计划和教学方法，使学生能够在掌握基础知识的同时，也能够灵活运用这些知识和技能去解决实际问题。

创新思维是 21 世纪的关键能力。教师要鼓励学生积极探索，敢于提出新的想法，敢于挑战传统的观点。在教学过程管理中，通过设计开放性的学习任务和项目，引导学生进行创新思维的训练。

批判性思考是高阶思维的重要组成部分。学生不仅能够接受知识，更能够独立思考，批判性地分析问题，提出自己的观点。在教学过程管理中，教师应当通过正确引导学生进行辩论、研究等活动，培养他们的批判性思考能力。

（二）优化教学资源利用

教学过程管理的另一项重要任务是优化教学资源的利用，以确保每一项资源都能在教学中发挥出最大的效用。优化教学资源的利用不仅意味着物质资源的合理分配和使用，例如，教材、教具、教室设备等，同时也包括人力资源和网络资源的有效配置和应用。这一过程是寻求创建最优学习环境，满足不同学生的学习需求的重要手段。

1. 教材和教具是教学的基础资源。教师需要根据课程目标和学生需求，选择合适的教材，配备足够且适用的教具，以保证学生能够顺利进行学习。同时，教师也要注意教材和教具的更新换代，以适应教育的发展和学生需求的变化。

2. 教室设备和网络资源是提升教学效果的重要工具。教室设备，如多媒体设备、实验设备等，能够丰富教学手段，增强教学的生动性和实效性。网络资源，如在线教育平台、网络课程、电子图书等，能够扩大学习的时空范围，满足学生自主学习和深度学习的需求。

3. 教师和学生是教学的主体，也是最重要的人力资源。在教学过程管理中，教师要关注自身的专业发展和学生的学习进展，提供必要的支持和培训，以提升他们的教学和学习能力。

总的来说，优化教学资源的利用是实现高效教学的关键。在教学过程管理中，教师要科学地配置和使用各种教学资源，创造最优的学习环境，满足不同学生的学习需求，从而提升教学效果和学生学习成效。

（三）创新教学方法

力图创新教学方式是教学过程管理的关键任务之一。在教育的世界里，教学方法的多样性与创新性对于保持教学活力、激发学生学习兴趣，以及提升教学效果具有至关重要的意义。因此，教学过程管理应积极鼓励并推动教学方法的创新。

1. 要鼓励教师探索并尝试多元化的教学策略。这些策略可能包括情境教学、项目式学习、协作学习等，也可能是基于新的教育理念和技术的教学模式。通过多样化的教学策略，可以更好地满足不同学生的学习需求，激发他们的学习兴趣，提升他们的学习动力和效果。

2. 要鼓励教师进行教学反思和改进。教学反思可以帮助教师深入理解教学过程，发现教学问题，提出改进策略。通过反思和改进，教师可以不断提升自己的教学能力，优化教学方法，提高教学效果。

3. 要建立支持教学创新的环境和机制。这可能包括提供专业发展的机会，如教学研讨、培训、研究等，也可能是建立激励教学创新的政策，如教学奖励、教学评价、教学改革项目等。通过这些环境和机制，可以激发教师的教学创新意识和能力，推动教学方法的创新。

（四）促进教师专业发展

教学过程管理还肩负着促进教师专业发展的重要使命。这一过程不仅关乎教师的教学技能和方法，而且涉及教师教育理念的更新与教学质量的提升。教学过程管理在一定程度上是促进教师专业发展的重要工具。通过对教学过程的分析和反思，教师可以提升自己的教学技能，更新教学理念，提高教学质量。

（五）建立良好教学文化

教学过程管理可以助力创建一种积极、开放、协作、创新的教学文化，使教师、学生和其他教育参与者形成共同的教学理念和价值观，推动学校教育质量的持续提升。

（六）整合各类教育资源

教学过程管理还需要整合各类教育资源，包括内部资源（如教师、教材、设施等）和外部资源（如家长、社区、企业等），形成联动的教育生态，以提供更丰富的学习体验和更宽广的学习机会。例如，通过与企业的合作，可以为学生提供实习实训的机会，使他们能够在实践中学习和应用知识，更好地为未来的职业生涯做准备。

（七）评估和反馈

教学过程管理的重要任务还包括对教学过程和结果的评估和反馈。通过定期的教学评估，可以及时发现教学过程中的问题和不足，对教学策略和方法进行调整和改进。通过对学生的学习进行反馈，可以帮助他们了解自己的学习进展和问题，激发他们的学习动机，提高他们的自我调节学习的能力。

（八）促进教育公平

教学过程管理还需要关注教育的公平性，尽可能地减少学生之间的学习机会和结果的差距。这需要教师根据每个学生的特点和需求，进行个性化的教学，提供必要的学习支持，以确保所有的学生都能得到充分的学习和发展。

三、教学过程管理的原则和要点

教学过程管理的原则和要点包括学生为本、教师主导、灵活适应、全面评价、持续改进、合作共享和信息化支持等。遵循这些原则和要点，教学过程管理可以更好地实现其目的，提升教学质量和效果。

（一）学生为本原则

教学过程管理应始终以学生的需求和发展为核心。这不仅要关注学生的学习兴趣、动机和能力，还需要尊重他们的个性差异，提高他们的学习主动性，以提高学习效果为最终目标。例如，可以针对学生的学习风格和个人特点设计个性化的学习计划和教学策略。

同时，教师应该创设充满挑战和探索的学习环境，引导学生主动参与学习，培养他们的自主学习和终身学习能力。

（二）教师主导原则

教师是教学过程管理的关键执行者,应充分发挥教师的专业能力和创新精神。教师不仅要精通教学内容,还需要掌握多种教学方法,引导和支持教师不断提升教学技能和教育理念。例如,可以定期组织教师研修活动,分享最新的教育理念和教学方法。而且学校还应为教师提供持续的职业发展机会,如参加教育研讨会、参与教育研究项目等,以提升教师的专业素养和教学实力。

（三）灵活适应原则

教学过程管理应具有一定的灵活性,以适应不同学科、不同教学环境和不同学生的特点。管理者需要根据实际情况制定合适的教学计划、方法和评估标准。例如,可以根据学生的反馈和教学效果调整教学计划和方法。在课堂教学中,教师还需要灵活调整教学策略,例如,根据学生的理解程度,及时调整教学难度和速度,适时引入实际案例和问题,使教学更具针对性和实效性。

（四）全面评价原则

教学过程管理应采用多元化、全面的评价方法,全面考查学生的知识掌握、技能应用、创新能力等各个方面,以促进学生的全面发展。例如,可以结合课堂表现、作业成绩、项目表现等多种评价方式,全面了解学生的学习情况。我们应该认识到,每个学生都有自己的优点和弱点,而不是所有的学习成效都可以通过考试成绩来衡量。

因此,需要构建一个更全面的评价系统,可以包括同伴评价、自我评价、教师评价等多种方式,以及对学生的课堂参与、团队合作、创新思维等多方面的考察。

（五）持续改进原则

教学过程管理是一个持续改进的过程，要求管理者定期分析教学过程的优缺点，总结经验教训，不断优化教学策略和方法。例如，可以通过定期的教学反思会议，共享教学经验，寻找改进之处。教师可以根据学生的反馈和自我反思，调整教学计划和教学方法，以提升教学效果。同时，学校也需要建立有效的质量保证机制，对教学质量进行定期检查和评估，以确保教学质量的持续改进。

（六）合作共享原则

教学过程管理应鼓励教师、学生和管理者之间的合作与交流，共享教学资源和经验，形成良好的教育氛围。例如，可以建立在线学习社区，鼓励学生和教师共享学习资源和经验。

这不仅可以提高学习效率，也可以促进学生之间和学生与教师之间的交流和合作，建立互助学习的氛围。此外，教师也可以通过合作教学、团队教学等方式，共享教学经验，提升教学质量。

（七）信息化支持原则

教学过程管理应充分利用现代信息技术手段，提高教学管理的效率和准确性，促进教育信息化的发展。例如，可以通过学习管理系统进行教学计划管理、学习资源管理、学习过程跟踪等，使教学管理更加高效、准确。同时，也可以利用大数据和人工智能技术，进行学生学习行为分析，为个性化学习提供数据支持。

在教学过程中，教师和学生都可以利用各种教育技术工具，如在线课程、互动白板、移动学习应用等，提升教学和学习的效果。同时，信息化也能帮助教师进行更有效的教学评估，如通过在线测验系统快速收集学生的学习反馈，通过数据分析工具对学生的学习数据进行分析，以了解学生的学习进度和困难，从而及时调整教学策略。

第二节 高职院校教学计划管理

一、高职院校教学计划管理的根本要求

作为人才培养目标、规格，以及培养过程和方式的整体构想，教学计划在确保学校教学质量和组织教学流程、筹划教学任务方面起到基础性的作用。教学计划的制定需要着重保障培养目标的精准性、目标达成的有力性、课程布局的实用性、培养流程的实际操作性、产学联合的开放式培养路径、学生自身学习发展的主导性，以及具体培养计划的可行性。在确定专业培养目标时，应遵循党的教育方针，全面贯彻"面向现代化、面向世界、面向未来"的导向原则，并在此基础上强调和体现出学校和专业的特点。高职院校教学计划管理的根本要求，如图4-1所示。

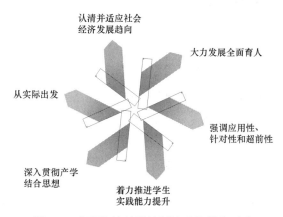

图 4-1 高职院校教学计划管理的根本要求

（一）认清并适应社会经济发展趋向

为了满足经济社会的发展需求，教师需要广泛开展社会人才需求的调研，重点分析和研究在经济建设和社会发展中出现的新情况、新特点。例如，

需要密切关注社会主义市场经济和专业技术领域的发展趋势，以便教师的教学计划能够反映出鲜明的时代特点。

（二）大力发展全面育人

教师必须全面贯彻党的教育方针，正确处理知识传授、能力培养和素质提高三者的关系。例如，教师应该强调学生的德育，全面提高学生的综合素质，实现教学工作的整体优化，以确保培养目标的实现。

（三）强调应用性、针对性和超前性

专业教学计划的制定应以培养技术应用能力为主线。例如，基础理论教学应以应用为目的，强调讲解概念、强化应用为教学重点；专业课教学应强调针对性、实用性，注重学习新知识、新技术、新工艺，使学生能够适应现代发展的需求，具备一定的可持续发展能力。

（四）着力推进学生实践能力提升

教师需要在理论与实践中找到平衡，能力培养应贯穿于教学全过程。例如，教师应加强实践教学环节，增加实验、实习、实训的时间和内容，减少附属于理论课的演示性和验证性实验，实训课程应单独设置，以便学生能够掌握专业领域实际工作的基本能力和技能。

（五）深入贯彻产学结合思想

产学结合是培养高等技术应用型人才的基本途径，学校应主动与企事业单位合作，共同制定和实施教学计划。例如，教学计划中的各个环节既要符合教学规律，又要根据企事业单位的实际特点进行合理安排。

（六）从实际出发

在遵循上述要求的基础上，学校应积极探索多元化的人才培养模式，例

如，推行"双证"制（学历证书与职业资格证或技术等级证）等方式，以打造高职教育的独特特色。这种人才培养模式不仅使学生获得了学术认证，同时也得到了具有实践价值的职业资格认证，从而提高了他们的就业竞争力，满足了社会和市场的多元化需求。

二、高职院校人才培养方案的构成与时间安排

人才培养方案的主要内容包括：专业的具体培养目标；人才培养规格要求和知识、能力、素质结构；修业年限；课程设置、教学环节及学时分配；教学进程表以及必要的说明等。

教学分为理论教学和实践教学。理论教学包括课堂讲授、课堂讨论、习题课等教学环节；实践教学包括实验、实习、实训、课程设计、毕业设计（论文）等教学环节。高职教育专业的修业年限一般为 2～3 年，非全日制的修业年限应适当延长。三年制专业的课内总学时一般为 1 600～1 800 学时，实践教学一般不低于教学活动总学时的 40%；两年制专业的课内总学时一般为1 100～1 200 学时，实践教学一般不低于教学活动总学时的 30%。

三、高职院校人才培养方案的制定

高职院校人才培养方案制定是一项不可或缺的任务，其重要性不言而喻。制定合理的人才培养方案，是确保高职教育质量和教学效果的必要前提，也是实现高职院校培养目标和学生职业发展的关键措施。人才培养方案制定之所以如此重要，源于其涵盖的方面之广和影响之深。人才培养方案涉及教学内容和教学方式的设计、教师和学生的学习与教学、教学评估和反馈等各个环节。只有在制定人才培养方案时，才能系统化地、全面地、科学地考虑这些因素，从而为学生的职业发展提供必要的支持和指导。

（一）确定教学目标

高职院校应该明确学生需要掌握的职业技能和知识。例如，对于机械类

专业，教学目标可以包括学生掌握机械设计、加工工艺、维修等方面的知识和技能，以满足工业制造的需求。

（二）分析课程设置

高职院校应该分析课程设置，确定必修课程和选修课程，并合理分配学时和学分。例如，针对电子商务专业，必修课程可以包括电子商务概论、电子商务平台开发、市场营销等课程，而选修课程可以包括数据分析、电子商务法律等方面的课程。

（三）评估现有教学资源和师资力量

高职院校应该评估现有的教学资源和师资力量，确保教学资源和师资力量与人才培养方案相适应。例如，针对汽车维修专业，高职院校需要评估现有的汽车维修设备和师资力量，确保学生可以接受足够的汽车维修实训，提高实践能力。

（四）参考行业标准和国家政策

高职院校应该参考行业标准和国家政策，确定教学内容和教学方法，以保证人才培养方案的实效性和适应性。例如，针对计算机应用技术专业，教学内容应该参考最新的计算机技术和编程语言，以满足计算机行业的需求。

（五）征求意见和建议

高职院校应该征求学生、教师、企业和行业专家的意见和建议，调整人才培养方案，确保人才培养方案的科学性和可行性。例如，在制定社会工作专业的人才培养方案时，可以征求社会工作者的意见和建议，从而确保教学内容和教学方法的实用性和实效性。

（六）制定人才培养方案

高职院校应该根据以上考虑，制定人才培养方案，包括课程目标、课程设置、课程学时和学分、教学方法和评估方法等方面的内容。例如，对于护理专业，人才培养方案可以包括护理基础知识、临床技能实训、健康管理等方面的内容。

（七）人才培养方案审批

人才培养方案制定完成后，高职院校应该将计划提交给有关部门进行审批。审批过程中需要考虑到人才培养方案的质量和可行性等方面的问题。例如，人才培养方案需要符合国家职业教育标准和教育部门的相关规定，同时也需要考虑到教学资源和师资力量的实际情况，确保人才培养方案可以顺利实施。审批通过后，人才培养方案将成为高职院校教学工作的指导文件，用于指导和规范教学实践。

第三节　高职院校教学活动管理

一、高职院校教学活动的环节及实施

高职院校教学活动通常指的是以教学班为单位的课堂教学活动。它是学校教学工作的基本形式。教学活动是一个完整的教学系统，它是由一个个相互联系、前后衔接的环节构成的。这些教学环节大致包含：复习→导入新课→讲授新课→师生互动→课堂总结→布置作业。由于课堂的多样性，教学的环节也在发生着变化，具体的教学活动中不一定都把各个环节运用到课堂中来。高职院校教学活动的环节，如图 4-2 所示。

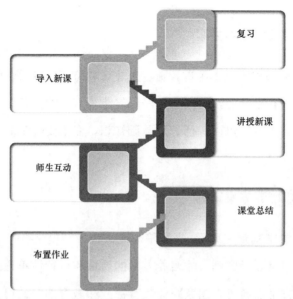

图 4-2　高职院校教学活动的环节

（一）复习

复习环节是非常重要的一部分。它不仅可以帮助学生回顾已学知识，还可以促进知识的巩固和提高。

1. 小结

每节课的小结可以帮助学生回顾并巩固课堂学习的内容，同时也可以提醒学生哪些知识点需要重点关注和复习。在小结中，老师可以简要概括所学内容的核心要点，强调重点难点，以及给出练习或作业建议。这不仅可以帮助学生更好地理解课程内容，还可以提高学生的学习兴趣和参与度。同时，通过不断地进行小结，学生可以形成有效的学习习惯和学习方法，为以后的学习打下基础。

2. 练习

练习是复习的重要形式之一，可以帮助学生巩固所学知识。通过练习，学生可以更好地理解和掌握课程内容，同时也可以发现自己的学习不足之处，及时进行补充和提高。

老师可以根据学生的水平和掌握情况，提供不同难度的练习题，让学生进行练习。可以通过课堂上的个人练习、小组练习等形式，让学生进行实践操作，加深对知识点的理解。此外，老师还可以鼓励学生自主组队或互相组队，一起进行练习，促进同学之间的交流和合作，提高学习效果。

3. 讨论

讨论是帮助学生深入理解课程内容的有效方法。通过讨论，学生可以在交流中发现问题、理清思路，进而加深对知识点的理解和掌握。

老师可以安排小组讨论或全班讨论，让学生参与其中。在讨论中，老师可以引导学生提出问题、分享观点和经验，激发学生的思考和探究兴趣，同时也可以帮助学生彼此之间相互促进，互相学习和成长。

在讨论的过程中，老师可以起到组织和引导的作用，通过掌握学生的思维和学习状况，及时给予指导和支持。此外，老师还可以鼓励学生在讨论中开放心态，接受不同的观点和建议，提高学生的综合能力和批判性思维能力。

（二）导入新课

教师可根据具体情况和学生的特点，采用不同的导入方法，激发学生的兴趣，提高学习效果。

1. 提出问题

老师可以通过提出引人入胜的问题，激发学生的探究兴趣和思考欲望。例如，老师可以提出一个有趣的问题，引导学生思考，鼓励学生参与讨论，从而引入新的课程内容。

2. 制造矛盾

在学习新的知识点时，老师可以通过引入矛盾、困惑等元素，激起学生的思考和探究欲望，进而引入新的知识点。例如，老师可以提出一个与学生已有知识矛盾的问题，让学生思考并寻找解决问题的方法，从而引入新的课程内容。

3. 展示实例

老师可以通过展示具体实例或情境，让学生更加直观地感受新的知识点。例如，老师可以通过案例、图片、视频等方式，引导学生深入理解和掌握新的课程内容。

4. 串联知识

在导入新课程的过程中，老师可以通过将新的知识点与学生已有的知识点相连接，帮助学生更好地理解新的知识点。例如，老师可以通过复习前面的课程内容，引导学生将已有的知识与新的知识点进行关联，从而提高学生的学习效果。

5. 诱发兴趣

在导入新课程的过程中，老师可以通过引入有趣、新颖的内容，吸引学生的注意力，激发学生的兴趣。例如，老师可以通过展示有趣的视频、图片等方式，引起学生的兴趣，进而引入新的知识点。

（三）讲授新课

通过讲授新课，教师可以向学生介绍新的知识点，让学生获得新的认识，同时也能够激发学生的兴趣和学习动力。

1. 讲解概念

教师可以通过讲解概念，帮助学生理解新的知识点。在讲解概念时，教师可以运用比喻、类比等形式，使抽象的概念更具体、更易理解。

2. 分步讲解

对于复杂的知识点，教师可以采用分步讲解的方式，将知识点分解成若干个小部分，逐步讲解，让学生更好地理解和掌握。

3. 演示实践

对于需要实践操作的知识点，教师可以通过演示实践的方式，让学生更好地理解和掌握。例如，在计算机编程课程中，教师可以通过演示代码的编写，让学生更好地理解编程思路和技巧。

4. 互动问答

在讲授新课程的过程中，教师可以与学生互动问答，帮助学生思考和理解新的知识点。通过互动问答，学生可以更加深入地了解知识点，同时也可以提高学生的参与度和学习效果。

5. 实例分析

教师可以通过实例分析的方式，让学生更加深入地理解和掌握新的知识点。通过实例分析，学生可以更好地理解新的知识点在实际应用中的意义和价值。

（四）师生互动

通过师生互动，高职院校教师可以及时调整教学方法和策略。

1. 课堂练习

教师可以在课堂上安排练习题目，让学生在课堂上进行练习。通过练习，学生可以巩固所学知识，也能够帮助教师及时了解学生的学习情况。

2. 个性化辅导

教师可以根据学生的学习情况和特点，进行个性化辅导，帮助学生解决学习中遇到的问题和困难。

3. 评价反馈

教师可以对学生的学习情况进行评价和反馈，帮助学生及时了解自己的学习效果和不足之处。教师还可以向学生反馈教学过程中的问题和不足，促进自身的教学反思和提高。

（五）课堂总结

课堂总结可以帮助学生回顾和总结所学内容，加深对知识点的理解和掌握。

1. 总结内容

总结课程的主要内容和重点知识点，让学生更好地理解和掌握所学内容；提供案例或实例，帮助学生更好地应用所学知识；总结学生在课堂中表现出的亮点和不足，鼓励学生继续努力。例如，在英语课上，教师可以简要回顾本节课的主要内容，包括语法规则、单词拼写和阅读理解等方面。在总结时，可以提醒学生哪些内容是重点和难点，让学生在总结中加深对知识点的理解和记忆。同时，教师还可以提供一些实例，让学生更好地应用所学知识，例如，进行一些口语交流或阅读练习，帮助学生加深对所学内容的理解。

2. 检查学习效果

通过课堂测试、作业检查等方式，检查学生的学习效果，让学生了解自己的学习情况和不足之处，及时进行调整和改进。例如，在计算机课程中，教师可以通过编写代码、操作软件等方式，检查学生对所学知识在实际应用中的掌握情况。同时，教师还可以检查学生对所学内容的理解和掌握程度，并及时反馈学生的不足之处，帮助学生进行调整和改进。

3. 答疑解惑

教师可以回答学生在课堂中遇到的问题和疑虑，帮助学生解决学习中的困难和问题，促进学生的学习和进步。可以通过一对一的个性化辅导，帮助学生解决个别问题；也可以利用线上平台或社交媒体等方式，回答学生在课外遇到的问题；或者提供参考书籍或资料，帮助学生深入了解所学内容。

4. 反思教学

对教学过程进行反思能够总结教学过程中的问题和不足之处，从而更好地改进和优化教学效果。教师可以对教学过程进行回顾和总结，发现问题和不足；并且思考如何针对问题和不足之处进行改进和提高；也可以参考其他教师或学术研究，获取教学创新的灵感；或者向同事或学生征求反馈，获取对教学效果的评价和建议。

（六）布置作业

布置作业是高职院校教学活动中不可或缺的一环。作业可以帮助学生巩固所学知识，也能够帮助教师了解学生的学习情况和掌握程度。包括练习作业、课后作业、研究型作业、实践作业等。

二、高职院校教学活动的注意事项与禁忌

高职院校教学活动中，教师需要注意以下事项与禁忌。

（一）注意事项

1. 关注学生的学习情况

教师应该及时关注学生的学习情况，了解学生的掌握程度和学习进度，帮助学生解决学习中遇到的困难。例如，教师可以通过课堂测试、作业检查等方式，了解学生的掌握情况，根据学生的表现进行个性化的指导。

2. 立足于学生的实际

教师应该根据学生的实际情况，制定合适的教学计划和教学方式，帮助学生更好地掌握所学知识。例如，在教学设计中，教师可以结合学生的专业和兴趣，设计生动有趣的案例或实践活动，让学生更好地理解和应用所学知识。

3. 注重教学效果

教师应该注重教学效果，对学生进行评价和反馈，及时发现问题并加以改进。例如，在教学过程中，教师可以与学生进行互动交流，鼓励学生提出自己的观点和问题，并及时回应学生的反馈，调整教学方法和内容，提高教学效果。

4. 尊重学生的个性

教师应该尊重学生的个性差异，鼓励学生发挥自己的特长，促进学生的全面发展。例如，在教学过程中，教师可以鼓励学生参与小组讨论或研究性学习，让学生发挥自己的创造力和团队合作能力，同时也可以鼓励学生参与社会实践或社团活动，培养学生的综合素质和职业能力。

5. 确保课堂秩序

教师在课堂上应该清晰地传达课堂纪律，并以身作则。例如，教师可以

制定课堂规则，如不吃东西、不使用手机、不打瞌睡等，同时也应该尽可能地遵守这些规则。如果学生出现违规行为或打乱课堂秩序，教师应该及时处理，如适当批评或停止教学直至学生恢复秩序。

6. 保持思维开放

教师应该保持开放的态度，接受学生提出的不同观点和想法。在课堂上，教师可以鼓励学生分享自己的经验和知识，提高课堂互动和学习效果。同时，教师也应该为学生提供多元化的学习资源，如不同的教材、多样化的讲解方式等。

7. 注重教学创新

教师应该尝试不同的教学方法和教学资源，以提高教学效果和学生的学习兴趣。例如，教师可以采用信息技术手段，如互联网、多媒体教学等，增加课堂互动和学习趣味性。教师也可以参加教学培训、读书会等活动，不断增强自己的教学水平和创新意识。

8. 重视学生的情感需求

教师应该注重学生的情感需求，关注学生的心理健康和情感问题。例如，教师可以了解学生的学习、生活和家庭状况，给予学生情感上的支持和鼓励。教师也可以为学生提供必要的心理辅导和支持，帮助学生建立积极的心态和健康的心理状态。

9. 鼓励学生的主动学习

教师应该鼓励学生的主动学习，让学生通过自主探究和实践掌握知识。例如，在教学过程中，教师可以提出问题和讨论，让学生自己去思考和解决问题。教师也可以为学生提供学习机会和自主权，让学生能够根据自己的兴趣和能力进行自主学习和创造。

（二）禁忌

1. 一味讲解，缺乏互动

教师应该注重师生互动，鼓励学生发表自己的观点，提高课堂参与度。

例如，教师可以提出问题和讨论，鼓励学生互相交流和分享，增加课堂互动和学习效果。同时，教师还可以通过小组活动、课堂竞赛等形式，激发学生的学习兴趣和参与度。

2. 老师过度掌控，学生缺乏自主性

教师应该给予学生一定的自主权，让学生在自己的兴趣和特长范围内选择课程和学习内容。例如，教师可以让学生自由选择研究方向或课程内容，并提供必要的指导和支持。此外，教师还可以鼓励学生自主探究和实践，提高学生的学习自觉性和创造性。

3. 忽视学生的需求和反馈

教师应该及时关注学生的反馈和需求，进行调整和改进，提高教学效果。例如，在教学过程中，教师可以定期进行问卷调查或课程评估，了解学生的学习情况和课堂反应，及时对教学方法和内容进行调整和改进。同时，教师也可以与学生建立良好的沟通和反馈机制，让学生能够及时提出问题和建议。

4. 疏于备课，教学质量下降

教师应该充分备课，提高教学质量，让学生受益于高质量的教学。例如，教师可以提前了解学生的学习情况和需求，制订合适的教学计划和教学资源，以满足学生的学习需要。同时，教师还可以持续学习和提高自己的教学水平，通过不断学习和探索，提高自己的教学能力和水平。

5. 刻板教学，缺乏灵活性

教师应该避免一成不变的教学方式和内容，而应该根据学生的实际情况和需求，灵活调整教学方式和内容，以提高教学效果和学生的学习兴趣。

6. 不合理评价，对学生造成伤害

教师应该客观公正地对学生进行评价，避免过度批评或过度赞扬，同时也要注重细节和学生的感受，避免对学生造成不必要的伤害。

7. 拘泥于教材，忽略实际需求

教师应该注重学生的实际需求和学习目标，而不是一味拘泥于教材和考试内容，以提高学生的应用能力和创新能力。

8. 忽视教学环境和安全问题

教师应该关注教学环境和安全问题，创造良好的教学环境和氛围，确保学生的身心健康和安全。同时，教师还应该对学生进行安全教育，增强学生的安全意识和防范能力。

第四节　高职院校教学评价管理

一、教学评价的定义和功能

教学评价是教学体系中的重要组成部分，其重要性不亚于教学过程中的任何环节。虽然教学评价活动不是在课堂上进行，但其对于今后教学计划的安排、教育事业的优化和发展等方面，具有十分深远的影响。教学评价可以帮助教师及时了解学生的学习情况和学习效果，发现问题和不足之处，及时调整和改进教学方法和内容。同时，教学评价也可以激励教师积极探索和实践，不断提高自己的教学能力和水平，进一步提升教学质量。

（一）教学评价的定义

教学评价，一般是指以客观、科学的方式，对教学过程和结果进行全面、系统的考察和评估，旨在提高教学质量、优化教育教学工作、促进学生全面发展。其重要性不仅仅在于检验教学成果，更在于推动教育教学事业的可持续发展和进步，是教育教学工作的重要组成部分。

然而，在近年教育体制深化改革不断推进的时代背景之下，各界学界对于教育教学相关概念的研究也十分广泛和深入。同样，学者们对于教学评价的理解也十分多样。目前关于教学评价的界定，我国许多学者对其持有不同的观点，可谓众说纷纭。例如，黄希庭与毕重增认为"教学评价是指系统收集和分析有关学生学习行为的资料，以确定其达到教学目标程度的过程。在教师围绕教学目标进行教学活动的过程中，必然要评估学生的行为和品质，以了解教学效果是否达到预定的教学目标，借以调整教学、鉴定质量。"鲁亚平认为"教学评价是依据教学目标对教学过程及结果进行测量，并给予价值判断，最终服务于教学决策的活动。"吴宝明则认为"教学评价可以概括为：基于教学这一对象，从教学规律、教学目的、教学原则出发，应用可行的技术和手段，解释教学对象与目标的价值判断过程。"总的来看，学者们从不同的视角，着眼于教学评价的不同特性或特点，对教学评价作出了不同的界定，这些界定都互相有所不同，不过也都具有一定的共通性，即普遍认为教学评价是教学活动的重要构成部分，并且对于学生的学习水平提升具有重要的反作用，还能够为学校的教育教学改革提供有力支撑。

（二）教学评价的功能

教学评价担负着多元的功能，正确地实行教学评价能够推动未来教学活动向更加科学、规范的方向发展。细说起来，教学评价的功能可以概括为引导与刺激、鉴别与选拔、诊疗与改良、反馈与调整、管理与教化。

1. 引导与刺激功能

引导功能可以理解为教学评价对实际教学活动的指向性引领。例如，明确的评价标准可以引导教师和学生更好地遵循教学大纲，提升教学效果。刺激功能在于通过巧妙地运用教学评价，激发被评价者的内在驱动力，激活他们的潜能，从而提升教学和学习的热忱及创新精神。一个公正公平的评价体系能鼓励学生积极参与学习，教师也会因为良好的评价而持续改善教学方法。

2. 鉴别与选拔功能

鉴别功能是指教学评价可以认定和判断被评价者的能力水平和表现优劣，如期末考试可以评价学生的学习情况。选拔功能则是在鉴别的基础上进行的，例如：根据教学评价的结果，选拔优秀的师生，对于表现不佳甚至存在明显不足的师生则需要进行淘汰或者给予更多的帮助。

3. 诊疗与改良功能

诊疗功能是指教学评价能够揭示和分析教育教学过程中出现的问题，如同医生诊断疾病一样找到问题的关键。比如，通过测试发现学生在某个知识点上的理解不深，那么这就是一个需要解决的"病灶"。改良功能则是针对存在的问题进行修正，确定改进的方向和制定合适的计划，如对教学方法进行改进、增加更多实践环节等。

4. 反馈与调整功能

反馈功能意味着评价者将系统性收集的评价对象信息及其意义反馈给被评价者，然后再收集他们的反馈，这样形成一个信息的闭环，不断修正和调整评价者和被评价者的行为。例如，教师可以根据学生的反馈调整教学计划，学生也可以根据教师的反馈调整学习策略。调整功能涵盖了两个方面：一是评价者根据反馈结果为被评价者调整目标和过程；二是被评价者通过评价了解自己的优点和不足，明确自己的努力方向和改进措施，以实现自我调整。比如，学生可以根据期中考试的成绩，知道自己在哪些科目上需要加强复习。

5. 管理与教化功能

管理功能是指通过教学评价来推动被评价者完成预设的任务，达成预期的目标。例如，通过定期的评价，可以监督学生的学习进度，确保课程的进度按计划进行。教化功能则是指教学评价本身对被评价者思想、行为、品质的影响和塑造能力。如一个注重全面发展的评价体系，不仅评价学生的学术成绩，还关注他们的道德品质、团队合作等，这样的评价体系可以教化学生，促使他们在多个方面都努力提高。

二、高职院校教学评价的特点

高职院校教学评价与普通高等院校的教学评价存在一定程度的差异性，其差异性取决于高职院校应用性和专业性的特点。高职院校教学评价的特点，如图 4-3 所示。

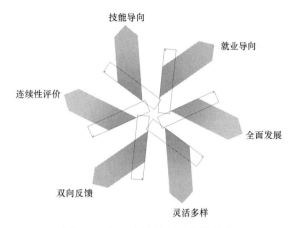

图 4-3　高职院校教学评价的特点

（一）技能导向

高职院校的教学评价强调技能的掌握和实践能力的培养，这是因为高职院校的任务之一就是培养具备一定专业技能、能够适应社会需要的人才。例如，对于机械制造专业的学生，他们的评价可能会包括如何操作机床、如何读懂和制作工程图纸等实践性强的内容，而不仅是理论知识的测试。

（二）就业导向

高职教育的目标是为社会提供即将投入工作的技术人才，因此，教学评价往往更加贴近实际工作需求。例如，对于酒店管理专业的学生，他们的评价可能会包括前台接待、客房服务、餐饮服务等岗位技能，同时还要考察他们的职业素养，如服务态度、团队合作能力等。

（三）全面发展

高职院校的教学评价不仅考查学生的学业成绩，还包括对学生的综合素质和职业道德的评价。例如，对于电子商务专业的学生，除了专业知识和技能的考核外，他们的团队协作能力、创新创业精神、社会责任感等也会被纳入评价体系。

（四）灵活多样

高职院校的教学评价方法多样、灵活，以适应不同专业和课程的需要。例如，对于艺术设计专业的学生，除了考试和课堂表现的评价外，他们可能还需要通过作品集、设计项目、创新作品等方式来展示自己的专业能力和创新精神。

（五）双向反馈

高职院校的教学评价鼓励教师和学生之间的双向反馈。教师可以根据对学生的评价结果，调整教学内容、方法和策略，以提高教学效果；学生也可以通过对教师的反馈，了解自己的学习状态和问题，调整自己的学习方法和策略。

（六）连续性评价

高职教育更强调过程性的评价，而不仅是最后的总结性评价。例如，学生的每次实验操作、每个项目的完成情况、每次实习的表现等都会被纳入评价，这样可以及时发现和帮助学生解决在学习过程中遇到的问题，进而优化他们的学习路径。例如，在软件工程专业中，学生可能需要参与一个持续一个学期的项目开发，教师则会在每个阶段结束后对学生的工作进行评价，如需求分析阶段、设计阶段、编码阶段等，从而让学生清楚地了解自己在每个阶段的表现，以便在接下来的阶段中进行调整和提高。

三、高职院校教学评价标准的制定与实施

高职院校教学评价标准的制定和实施是教学质量保障体系中的关键环节。通过科学合理的筹划与安排，能够实现教学评价效益的最大化。而这一切需要遵循既定步骤。

（一）确定评价目标

在制定评价目标时，不仅需要考虑课程的特性，还需关注行业的需求和学生的个体差异。例如，在制定机械设计课程的评价目标时，可能会参考行业对机械设计师的职业要求，同时考虑到学生的经验知识和学习兴趣。通过这样的方式，评价目标可以更好地反映教学的实际效果，并鼓励学生主动参与学习。

（二）制定评价标准

制定评价标准时，需要考虑学生的知识水平、技能掌握程度、实践能力，以及创新思维等多个方面。例如，在机械设计课程中，评价标准可能包括理论知识的掌握程度、设计思维的运用能力、实际操作技能，以及解决实际问题的能力等。

（三）设计评价方法

设计评价方法时，需要考虑其公平性、合理性和科学性，同时考虑评价方法的实施可行性。例如，在机械设计课程中，可能采用设计报告和设计作品的方式进行评价，以便全面了解学生的理论知识和实际操作能力；同时，还可能加入口头答辩，以了解学生的理解深度和创新思维。

（四）实施评价

在实施评价时，教师需要严格按照评价标准和方法进行，保证评价的公正性和准确性。同时，教师还需关注评价过程中可能出现的问题，并及时调整评价方案。例如，在机械设计课程的评价过程中，如果发现学生在设计作品的制作过程中存在困难，教师可能会适时调整评价方法，如提供更多的指导或者调整评价权重。

（五）反馈评价结果

在反馈评价结果时，教师需要提供具体、明确、有建设性的反馈，帮助学生了解自己的学习状态，激发他们的学习动力。例如，教师可能在评价结束后，与学生一对一进行面谈，详细解释他们在设计报告、设计作品和口头答辩等方面的优点和不足，并给出具体的改进建议。

（六）定期更新评价标准

在更新评价标准时，需要考虑教育政策的变化、行业技术的发展、学生需求的变化等多个因素。例如，随着机械设计领域新技术如 3D 打印、人工智能辅助设计等的快速发展，评价标准可能需要更新以反映这些新技术的掌握和应用。

这个过程可能需要教师不断学习新的技术，同时也需要学生、行业专家等多方的反馈，以确保评价标准的时效性和针对性。例如，可以定期邀请行业专家对课程进行审查，听取他们对教学内容和评价标准的建议，从而使教学和评价更好地适应行业发展的需求。

第五章　高职教学质量管理

第一节　教学质量管理的相关概念

一、质量、教学质量与教学质量管理

教学质量管理是一种涵盖了教育活动全过程的系统性方法，科学合理的教学质量管理能够促使教学活动始终在稳定的状态下运转。在研究教学质量管理之前，有必要对其中的内涵，即"质量"与"教学质量"进行解析，以便于更加准确和深刻地了解教学质量管理。

（一）质量

质量是指产品、服务或过程所具有的符合要求的特性和能力，以满足用户需求和期望。质量管理体系所定义的"质量"是指产品或服务所具有的一组固有特性，满足明示或隐含的要求，以及必须履行的法律法规等规定的程度。其中"一组"特性指的是多条而非单一特性；"固有特性"则指产品或服务本身所具有的特性，与人为规定的特征相区分；"要求"包括明示和通常隐含的需求和期望，可以由相关方提出，如顾客、股东、员工、供方、社会或政府等；"必须履行的"则指由法律法规等强制规定的要求，如食品安全法、家用电器的安全等。这一定义简明扼要，强调了质量的多维特性及其与各方要求的关系，彰显了质量的重要性和广泛性。

事实上，质量是一个相对而言的概念，既包括客观的技术性能和功能特点，也包括主观的感受和评价。在生产和服务过程中，质量是实现客户满意度和市场竞争力的重要指标。在企业和市场之中，质量是主体竞争力的关键因素之一。优异的质量能够提高用户满意度、提高市场竞争力、减少成本和浪费，具有极其丰富的现实意义。

（二）教学质量

教学质量是教育质量的重要组成部分，也是教育工作的核心。从广义上来说，教学质量是指在教学过程中，教师的教学方法、教学策略、教学手段、教学管理和学生的学习效果等各个方面达到一定的质量标准。

1. 教学质量的要素

教学质量的要素包括教师、学生、教学内容和方法、教学环境、教学管理等。

（1）教师。教师是教学的主体，教师的素质、教学态度、教学方法等都直接影响到教学质量。

（2）学生。学生是教学的对象，学生的学习能力、学习态度、学习方法等都会影响教学质量。

（3）教学内容和方法。教学内容应结合学生的实际需要，教学方法应注重启发和引导，注重学生的主动参与。

（4）教学环境。教学环境包括物质环境和心理环境。物质环境包括教室、教学设施等，心理环境包括教师和学生的关系、学生与学生的关系等。

（5）教学管理。教学管理包括教学计划、教学组织、教学评价等，教学管理的科学性、合理性、有效性直接影响到教学质量。

2. 教学质量的评价指标

在评价教学质量的高低与优劣时，需要将以下因素作为评价的重点指标。

（1）教学目标的达成程度，这是衡量教学质量的最直接和最重要的标准。教学目标应明确、具体，能够引导教师的教学活动和学生的学习行为。

（2）教师的教学能力，这包括教师的专业知识、教学技能、教学态度等。教师的教学能力是影响教学质量的关键因素。

（3）学生的学习效果，这是衡量教学质量的重要指标。学生的学习效果包括学习成绩、学习兴趣、学习态度、学习习惯等。

（4）教学环境和设施，良好的教学环境和设施能够提供有利的教学条件，有助于提高教学质量。

（5）教学管理和服务，这包括教学计划的制定和实施、教学过程的管理和控制、教学评价和反馈等。

（三）教学质量管理

教学质量管理是指通过一系列的方法和策略，对教学过程和教学成果进行有效管理和控制，以提高教学质量和教育效果的管理模式。这是一项系统化、全过程、持续改进的工作，涉及教学计划、教学过程、教学效果和教学反馈等多个环节。

教学质量管理的主要内容和方法包括：教学计划管理，制定合理、科学的教学计划，明确教学目标、教学内容、教学方法和教学进度等，为教学活动提供指导；教学过程管理，控制和监督教学过程，确保教学活动按照预定的计划进行，及时发现并解决教学中出现的问题；教学效果评价，通过考试、测试、观察、调查等多种方式，对学生的学习效果进行评价，了解教学目标的达成情况，为教学改进提供依据；教学反馈和改进，根据教学效果评价的结果，反馈给教师和学生，调整教学计划和教学方法，进行持续的教学改进；教师发展和培训，提供教师专业发展的机会，如教学技能培训、教育研究活动等，提高教师的教学能力和专业素养；学生学习支持，提供学习咨询、辅导、资源等服务，支持学生的学习，促进学生的全面发展。

二、教学质量管理的基本原则

教学质量管理需要遵循特定的基本原则，只有在基本原则的规范和约束下，教学质量管理活动才能取得应有的成效。

（一）学生为中心原则

学生为中心原则强调的是以学生为出发点，根据学生的需求和期望，针对不同学生的个性和差异，设计和提供个性化的教育教学服务。教师应该关注学生的兴趣和需求，探索新的教学方法和资源，让学生在学习中获得更好的体验和效果，达到教学质量的最优化。

（二）全员参与原则

全员参与原则体现的是教学质量管理的全员参与性，强调的是教师、学生、管理人员等所有相关方的共同参与和合作，共同努力提高教学质量。只有这样，才能真正实现教学质量的整体提升。

（三）连续改进原则

连续改进原则是指教学质量管理应该持续不断地对教学质量进行监控和改进，不断追求教学质量的完美化。教师应该及时总结和反思自己的教学工作，不断总结经验和教训，找出问题和不足，制定和实施相应的改进方案，不断提升教学质量水平。

（四）数据驱动原则

数据驱动原则是指教学质量管理应该基于数据和信息的分析和评估，发现教学质量问题并及时解决。教师应该建立科学的教学评价体系，通过数据和信息收集和分析，发现和解决教学质量问题，保证教学质量的稳定和持续提高。

（五）系统化管理原则

系统化管理原则是指教师应该建立系统化的教学质量管理体系，包括规章制度、流程、方法和工具等。只有建立规范化和标准化的教学质量管理体系，才能有效地管理和提升教学质量。

（六）风险管理原则

风险管理原则是指教学质量管理应该预防和处理可能的教学风险，避免教学质量的不稳定性。教师应该分析和评估教学风险，及时采取措施进行预防和处理，保障教学质量的稳定性和持续提高。

（七）参考国际标准原则

参照国际标准原则是指教师应该参考和借鉴国际上的先进经验和管理标准，不断提升自身的教学质量管理水平。教师应该学习和研究国际上先进的教学质量管理理念和方法，不断完善和提升自身的教学质量管理水平。

三、教学质量管理的未来发展趋势

如今教学质量管理已经进入教育领域的视野，可以预见未来教学质量管理必将受到教育界人士更加高度的关注。而随着社会不断发展，以及人们的思想观念转型，越来越多的非教育界人士也将意识到教学质量管理的积极意义。未来教学质量管理将朝着以下方向不断发展。

（一）数据化教学质量管理

数据化教学质量管理是指通过信息技术手段收集、处理、分析和利用各种与教学质量相关的数据和信息，从而实现对教学质量的科学管理和精准掌控。其核心在于利用大数据分析和人工智能等技术手段，将各类教学数据进行整合，分析和挖掘，从而为教学质量管理提供更为准确和全面的数据支持。

举个例子，教育机构可以使用学生信息系统，通过对学生学习成绩、出勤率、作业提交率等数据进行收集和分析，评估学生在各个科目上的学习状况和表现，进而判断教师教学质量和教学效果。同时，教育机构也可以利用在线教学平台，对学生的学习行为和反馈数据进行收集和分析，从而进一步优化教学内容和方式，提高教学效果和学生满意度。

此外，数据化教学质量管理还可以借助人工智能技术实现更精准的教学质量管理。例如，教师可以使用人工智能辅助教学平台，对学生的学习行为进行跟踪和分析，同时还可以进行自适应性教学，根据学生的学习情况和反馈，调整教学内容和方式，提高教学效果。

（二）教学质量认证国际化

随着全球化的趋势，教育市场的竞争愈加激烈，许多国家的教育机构都希望通过获得国际认证来提高自身的知名度和国际竞争力。例如，欧洲的Bologna 进程就是一个通过制定共同的学位体系，提高欧洲高等教育的质量和国际竞争力的例子。

除此之外，一些国际组织和教育机构也推出了各种各样的教学质量认证体系，帮助各国的教育机构获得国际认可和提高教学质量。例如，欧洲质量保证网络和国际教育评估联盟等组织就致力于推动全球教育质量的提升和标准化。

在国际认证方面，国际通用的认证标准和体系也在逐渐形成，例如 ISO 21001：2018 教育组织管理体系认证标准，它为教育机构提供了一套国际通用的教育管理标准，以帮助机构提高教育质量、满足顾客需求以及持续改进。此外，一些知名的教育认证机构，如美国的 AACSB 和欧洲的 EQUIS，也逐渐成为全球教育质量认证的重要参照。可以预见，随着全球化的推进，教学质量认证将逐渐趋向国际化，各国的教育机构也将逐渐借助国际认证来提高自身的国际竞争力和知名度。

（三）个性化教学质量管理

教育需求和学生群体也日益多样化和个性化。传统的一刀切的教学方式已经不能完全满足学生的需求，个性化教学成为未来教学的重要发展趋势。针对不同学生的需求和特点，制定个性化的教学计划和评估体系，能够更好地促进学生的学习兴趣和提高学习效果。

举例来说，对于一些有孤独症、多动症或其他特殊需求的学生，传统的教学方式可能会出现不适应或无法融入的情况，而采用个性化教学可以更好地满足这些学生的需求。例如，针对孤独症学生，可以采用图形化的教学方法和个性化的教学计划，通过视觉和听觉等多种感官来促进学习。针对多动症学生，可以采用更加活跃和交互式的教学方式，增加学生的参与度和积极性。通过个性化教学，学生的学习效果和满意度得到了提高，教学质量也得到了保障和提升。

（四）多元化教学质量评估

教学质量评估已经从传统的考试成绩转变为更加全面的评价方法。比如，针对课堂参与度，可以采用互动式教学，通过讨论、小组活动、角色扮演等方式促进学生的积极参与，从而更好地评估课堂教学效果。针对作业质量，可以设计多种形式的作业，如小组项目、个人研究、实践报告等，以评估学生的实际能力和实践能力。针对学习效果，可以采用各种测试和评估方法，如阶段性测试、案例分析、问卷调查等，来评估学生的学习效果和教学质量。

例如，一些高校和教育机构已经开始实行多元化的教学质量评估方法。比如，一些高校开展的学生评教活动中，不仅有对教学质量的整体评估，还有对教师的教学方法、师德、态度等多个方面的评估。此外，一些机构也开始采用基于学生需求和个性化的评估方法，比如针对不同类型学生制定不同的评估标准和方法，以更好地反映学生的实际情况和教学质量。

（五）教学质量管理与教学创新的融合

未来的教学质量管理将与教学创新融合得越来越紧密。例如，利用虚拟现实和增强现实技术，教师可以创造更加生动、直观和互动的教学环境，提高学生的学习兴趣和效果。同时，这些技术也可以为教学质量管理提供更加准确、实时的数据支持，帮助教师及时发现教学质量问题并加以解决。另外，一些创新的教学方法和模式，如倒置课堂、协作学习等，也将在未来得到更加广泛的应用和推广，这将给教学质量管理带来新的挑战和机遇。

第二节　高职院校教学质量管理的方法

一、构建科学的教学质量评估体系

构建科学的教学质量评估体系需要全面考虑教学的各个方面，以确保评估的全面性和科学性。同时，评估体系应具有动态性，能够根据教学实际情况进行调整和优化。

（一）确定评估指标

评估指标是评估体系的基础。是建立教学质量评估体系的关键第一步。这个过程需要深入理解和研究教学过程中的各个要素和环节，并将其量化为可以衡量的指标。评估指标应全面覆盖教学的各个方面，包括教学内容、教学方法、教学效果、教师教学能力、学生学习能力等。指标的设置应考虑到实际的教学环境和条件，以及教学的目标和要求。

1. 教学内容指标

教学内容是教学过程中的核心，其质量直接影响到学生的学习效果。评估指标可以包括教学内容的适应性、前瞻性、科学性等。

2. 教学方法指标

教学方法是教学内容传递的方式，其科学性和有效性直接影响到教学效果。评估指标可以包括教学方法的创新性、实用性、互动性等。

3. 教学效果指标

教学效果是教学过程的最终结果，是评估教学质量的重要指标。评估指标可以包括学生的学习成绩、学习进步、学习满意度等。

4. 教师教学能力指标

教师是教学过程中的主体，其教学能力直接影响到教学质量。评估指标可以包括教师的专业知识、教学技巧、教学态度等。

5. 学生学习能力指标

学生是教学过程中的另一主体，其学习能力是影响教学效果的重要因素。评估指标可以包括学生的学习习惯、学习策略、学习动机等。

（二）制定评估标准

评估标准是评估指标的量化形式，是构建科学的教学质量评估体系的关键环节。可以将抽象的指标具体化，使评估结果更加准确和公正。评估标准应根据教学实际情况，参考国内外相关标准，结合专家和教师的意见进行制定。

1. 参考国内外相关标准

参考国内外其他教育机构或教育评估机构的评估标准，从中获取启示和借鉴。通过比较和分析，可以了解评估标准的主流趋势和最新发展。

2. 结合教学实际情况

评估标准应反映高职院校的教学实际情况。例如，教学内容、教学方法、教学资源、教师队伍等方面的实际情况，应作为制定评估标准的重要依据。

3. 专家和教师的意见

专家和教师是教学的一线实践者和专业人士，他们对教学有深入的理解和丰富的经验。因此，他们的意见和建议应被充分考虑和采纳。

4. 量化标准

评估标准应尽可能地进行量化，以便于进行具体的评估和比较。例如，可以设定各个评估指标的满分值，然后根据实际情况打分。

5. 定期更新和调整

教学是一个动态的过程，评估标准也应随之进行调整和更新。定期对评估标准进行评审和修改，可以保证评估体系的科学性和适应性。

（三）设定权重

权重是指每个评估指标在总评估结果中的比重，是评估体系的重要组成部分。权重的设定应根据指标的重要性，以及教学目标和要求进行。权重设定的合理性直接影响到评估结果的公正性和科学性。

1. 分析指标的重要性

不同的评估指标对教学质量的影响是不同的。例如，教学效果可能比教学方法更重要，因此，应给予更高的权重。分析指标的重要性需要考虑教学的目标和要求，以及教学实践的经验和理论。

2. 制定权重设定的原则和方法

权重设定应有明确的原则和方法。原则上，权重应反映指标的重要性；方法上，可以采用专家评分法、层次分析法等常用的权重设定方法。

3. 进行权重设定

根据设定的原则和方法，进行具体的权重设定。权重设定是一个迭代的过程，可能需要进行多轮的讨论和调整。

4. 验证和调整权重

设定的权重需要进行验证和调整。可以通过试用评估体系，收集反馈，然后对权重进行调整。也可以通过统计方法，如相关性分析、敏感性分析等，来验证权重的合理性。

5. 定期更新权重

教学是一个动态的过程，评估体系和权重也应随之进行调整和更新。定期对权重进行评审和修改，可以保证评估体系的科学性和适应性。

（四）实施评估

评估体系的建立是为了实施评估。评估应由专门的评估团队进行，评估团队应具有相关的专业知识和经验，以确保评估的公正性和科学性。评估结果应公开透明，接受教师和学生的监督。

1. 组建评估团队

评估团队应由具有教育背景和评估经验的专家组成。他们需要深入理解评估体系，能够公正、科学地进行评估。同时，团队的构成应尽可能多元化，以减少偏见和误解。

2. 制定评估计划

评估计划应包括评估的时间、地点、对象、方法等内容。评估计划应根据教学的实际情况和评估体系的要求进行制定。

3. 收集评估数据

评估数据是评估的基础。数据的收集应尽可能全面、准确，以确保评估结果的科学性。数据的收集可以通过教学观察、教学记录、学生调查等方法进行。

4. 进行评估分析

根据收集的数据，按照评估体系进行分析，得出初步的评估结果。分析过程应公开透明，接受教师和学生的监督。

5. 公布评估结果

评估结果应公开公正地公布，接受社会的监督。公布的内容应包括评估的过程、结果和改进建议。

评估结果是提高教学质量的重要依据。根据评估结果，学校可以调整教学策略，教师可以改进教学方法，学生可以调整学习方式。

（五）利用评估结果

评估结果是提高教学质量的重要依据。根据评估结果，教师可以调整教学内容和方法，学生可以调整学习策略，学校可以调整教学管理和服务。此外，评估结果也可以作为教师评价和奖励的依据，激励教师提高教学质量。

1. 调整教学内容和方法

教师可以根据评估结果，调整课程内容和教学方法，以更好地满足学生的需求和提高教学质量。

2. 调整学习策略

学生可以根据评估结果，调整学习策略，改进自己的学习方法，提高学习效果。

3. 调整教学管理和服务

学校可以根据评估结果，调整教学管理和服务，为学生提供更好的学习环境和更好的教学质量。

4. 教师评价和奖励的依据

评估结果可以为教师评价和奖励提供重要依据，激励教师提高教学质量，同时也可以帮助学校识别教学优秀的教师。

二、建立健全教师发展和激励机制

实现高效的高职院校教学质量管理，还需要针对教育活动的主体即教师群体而制定相应的举措，而建立健全教师发展和激励机制则是关键的手段和途径。

（一）为高职院校教师提供良好的培训和发展机会

提供定期的培训和专业发展机会，以帮助教师不断提高自己的技能和知识水平。这些培训可以包括教学方法、课程设计、评估技巧等方面的内容。通过这些培训，教师可以更好地应对不同的教学需求和挑战。

1. 制定针对性的培训计划

根据高职院校的教育教学需求，制定有针对性的培训计划。这些培训可以包括课程设计、教学方法、教学评价、学科知识等方面的内容。通过针对性培训，可以帮助教师更好地应对教学工作中的挑战。

2. 利用线上教育资源

随着数字技术的不断发展，线上教育资源已经越来越成熟。高职院校可以利用这些线上教育资源，为教师提供更加便捷和灵活的培训和发展机会，例如在线视频、网络研讨会等。

3. 开展同行教学活动

高职院校可以组织同行教学活动，让教师之间相互观摩、交流和学习。通过同行教学，教师可以了解到不同的教学方法和经验，从而提高自己的教学能力。

4. 邀请专家进行授课

高职院校可以邀请国内外的教育专家和学者来校授课和进行专业交流。这些专家可以分享最新的教育研究成果和教学经验，为教师提供宝贵的学习机会。

5. 建立教师自我发展计划

高职院校可以鼓励教师制定个人的自我发展计划，根据自己的需求和兴趣选择培训课程和专业发展方向。通过自我发展计划，教师可以更加有针对性地学习和成长。

（二）建立教师评估机制

建立全面的教师评估机制，包括学生评价、同行评价和自我评价等多个方面，以便全面地了解教师的教学表现。评估结果可以用来制定个性化的教师培训计划和激励方案。

1. 学生评价

学生是教师教学效果的最直接受益者,他们的评价对于教师的评估具有重要的参考价值。可以通过课堂调查、问卷调查等方式,收集学生对教师教学质量的评价和反馈。

2. 同行评价

同行评价是指其他教师对于被评估教师的教学表现进行评估。同行评价可以通过教学观摩、教学研讨、教学团队等方式进行。同行评价可以帮助教师发现自身的不足之处,从而提高教学能力和教学水平。

3. 自我评价

教师可以对自己的教学表现进行评价和反思,从而发现自身的不足和改进方向。自我评价可以通过教学日志、教学反思等方式进行。

4. 多元化评价

除了学生评价、同行评价和自我评价,还可以结合教学成果、教学实践等多个方面对教师进行评价。多元化评价可以更加全面地了解教师的教学表现和教学能力。

5. 建立个性化培训计划和激励机制

通过教师评估结果,可以制定个性化的培训计划和激励机制,以帮助教师进一步提高教学能力和教学水平。例如,针对某些教师的不足之处可以提供特定的培训课程和辅导,针对表现优异的教师可以提供晋升机会和激励措施等。

(三)提高高职院校教师的薪酬和福利

提供合理的薪酬和福利是激励教师的重要手段之一。根据教师的教学表现和职业发展,可以给予不同的薪酬和晋升机会。此外,还可以为教师提供医疗保险、职业培训、健康检查等福利,以提高他们的工作满意度和幸福感。

1. 根据教学表现给予不同薪酬

高职院校可以根据教师的教学表现和贡献给予不同的薪酬。例如，表现优异的教师可以给予额外的绩效奖金或加薪。对于表现优秀的教师，还可以考虑给予一些特殊的激励，比如，提供奖学金、旅游津贴、股权等福利。

2. 建立职业晋升机制

高职院校可以建立完善的职业晋升机制，为教师提供晋升的机会。晋升机制可以考虑不同的教学等级，例如，高级教师、特级教师等，每个等级对应着不同的薪酬待遇和福利。此外，晋升机制可以根据教师的教学表现、学术研究成果等方面进行评估，以确保晋升的公正性和科学性。

3. 提供医疗保险和福利

高职院校可以为教师提供医疗保险、养老保险、住房补贴等福利。例如，可以为教师提供全额或部分的医疗保险和养老保险，以及适当的住房补贴和公租房优先等福利。此外，高职院校还可以为教师提供免费的健康检查和健康管理服务，以维护教师的身体健康。

4. 提供职业培训和发展机会

高职院校可以为教师提供职业培训和发展机会，例如，参加学术研讨会、国际交流项目等。这些培训和发展机会可以帮助教师提升自己的教学能力和专业水平，进一步提高教学质量和效果。同时，高职院校还可以鼓励教师参与教育科研项目、撰写教材和论文等，提高他们的学术水平和职业声誉。

5. 提高工作环境和条件

高职院校可以改善教学设施和教学环境，为教师提供更好的工作条件。例如，可以购置更先进的教学设备和教学软件，提供更加优美、舒适的教学环境和场所。此外，高职院校还可以为教师提供一系列支持工作的设施和服务，如提供优质的食堂、体育场馆、图书馆、健身房、儿童托管服务等。这些设施和服务可以帮助教师更好地平衡工作和生活，提高他们的工作幸福感和生活质量。

（四）建立良好的工作氛围和团队合作机制

教师需要一个良好的工作环境，以便更好地发挥自己的才能和能力。通过建立良好的工作氛围和团队合作机制，可以帮助教师更好地交流和合作，共同解决教学中遇到的问题。

1. 加强教师交流和合作

高职院校可以定期组织教师交流会、学术研讨会、教学示范课等活动，促进教师之间的交流和分享教学经验。同时，高职院校还可以鼓励教师之间相互观摩课程、互相授课、互相评课等，以提高教学质量。

2. 建立教学团队

高职院校可以根据学科特点和教学需求，建立教学团队，由教学经验丰富的教师领导，包括多个教学等级和专业背景的教师，共同研究教学方案和课程设计，共同解决教学中遇到的问题。

3. 建立反馈机制

高职院校可以建立学生、同行和自我评价机制，为教师提供及时反馈和改进意见。同时，高职院校还可以鼓励教师之间相互评课，分享自己的教学经验，相互学习和提高。

（五）鼓励教师参与学术研究和创新

学术研究和创新是提高教师教学水平的有效手段之一。通过鼓励教师参与学术研究和创新，可以提高他们的专业水平和影响力，也可以为教学改进提供新的思路和方法。

1. 提供学术研究资源和支持

高职院校可以为教师提供丰富的学术研究资源和支持，例如，充足的图书馆、实验室设备、科研经费等。此外，高职院校可以成立学术委员会或者研究中心，为教师提供学术指导和技术支持，帮助教师开展学术研究。

2. 鼓励教师参加学术研讨会

高职院校可以为教师提供参加学术研讨会、学术会议等的机会和支持，例如，提供交通费、住宿费等。这些会议可以帮助教师了解最新的学术动态和研究成果，与国内外同行进行交流和合作。例如，某高职院校的教师参加了国际教育技术大会，学习到了最新的教育技术应用方法和案例，进一步提升了自己的教学水平和创新意识。

3. 建立学术研究项目

高职院校可以组织和实施相关的学术研究项目，邀请教师参与，共同开展与教学和行业相关的研究工作，例如，开展教育教学改革、职业教育发展、行业应用研究等。通过参与学术研究项目，教师可以提高自己的学术水平和实践经验，同时也可以为高职院校的发展作出贡献。例如，某高职院校与企业合作开展职业技能认证研究，通过对职业技能认证的实践应用和评估研究，提升了学生的职业技能水平和就业竞争力。

4. 支持教师开展教学创新

高职院校可以支持教师开展教学创新，探索新的教学方法和手段，为教学改进提供新的思路和方法。例如，教师可以结合多媒体、互联网等现代技术，设计创新的教学内容和方式，提升学生的学习兴趣和效果。此外，高职院校可以鼓励教师撰写教学案例和教学论文，分享自己的教学经验和教学成果，促进教学创新和教育教学的发展。例如，某高职院校的教师针对职业技能教育中的实训环节进行了创新，引入虚拟仿真技术，通过仿真操作提升学生的实践能力和职业技能水平，该创新得到了同行的认可和学生的好评。

5. 建立学术评价机制

高职院校可以建立科学的学术评价机制，对教师的学术研究和创新进行评估，包括论文发表、专利申请、学术影响等方面。评价结果可以用来制定个性化的培训计划和激励方案，激励教师持续进行学术研究和创新，提升学术水平和实践能力。例如，某高职院校的教师参与了国家级教学研究项目，通过多年的研究，发表了多篇高水平学术论文，该成果得到了高职院校的肯定，并为教师提供了晋升和发展的机会。

三、优化教学内容和教学方法

优化教学内容和教学方法，可以帮助高职院校教师实现更高质量的教学活动，以完成预定的教学目标和任务。

（一）优化课程设置

高职院校可以根据市场需求和学生兴趣设置适宜的课程，将教学内容和教学方法与职业要求紧密结合，满足学生的实际需求。举例来说，对于某个职业领域的专业课程，高职院校可以结合当地的产业需求，从学生未来就业的实际出发，对课程进行细致的规划。例如，在餐饮服务类专业中，高职院校可以设置"西餐料理""中餐烹饪""餐饮管理"等课程，紧密结合餐饮业实际需求和行业标准，让学生能够掌握实用的厨艺技能和管理能力。

同时，高职院校也可以根据学生的兴趣和特长，设置一些具有特色的选修课程，如音乐欣赏、摄影、舞蹈等，丰富学生的课外生活和文化素养，也能够增强学生的创新意识和综合能力。在课程设置的过程中，高职院校还可以参考其他高校的成功经验，通过对行业领域和学科研究的不断深入，调整课程设置，提高教学质量和效果，满足社会和学生的实际需求。

（二）创新教学方法

高职院校可以探索新的教学方法和手段，例如，借助现代科技设备，结合互联网资源，运用多媒体、虚拟仿真、在线课程等方式进行教学。同时，还可以利用团队教学、案例教学、项目驱动等方式，激发学生的学习兴趣和创造力。举例来说，对于一门英语课程，高职院校可以利用现代科技设备，通过多媒体教学和虚拟仿真技术，让学生身临其境地感受英语国家的语言环境和文化氛围，提高学生的英语口语和听力能力。此外，可以通过在线课程和电子教材等方式，让学生自主学习，充分利用互联网资源，提高学生的学习效率和兴趣。

对于设计类课程，高职院校可以利用案例教学和项目驱动的方式，让学生通过实践操作，熟练掌握设计软件和工具，提高学生的实际操作能力和创新能力。同时，可以采用团队教学的方式，让学生互相学习、协作完成项目，锻炼学生的团队协作和沟通能力。

（三）强化实践教学

高职院校应该注重实践教学，将理论知识与实际操作相结合，注重培养学生的实际操作能力和职业素养。同时，教师可以利用实验室、模拟实训、实习等方式，提供更多的实践机会和资源，让学生更好地掌握实际技能。举例来说，对于一门机械设计课程，高职院校可以设置相应的实验室，提供适当的设备和工具，让学生通过实际操作，熟悉机械制造流程和工艺，提高学生的实际操作能力和创新能力。同时，还可以设置相应的实践项目，让学生将所学知识应用到实际生产和制造中，增强学生的实际操作技能和团队协作能力。对于医学类专业，高职院校可以设置医学实验室和模拟实训室，提供实际的医疗设备和器械，让学生通过模拟真实医疗环境的实践操作，熟悉医疗工作流程和操作规范，提高学生的实际操作能力和医疗技能。

（四）提高教师的教学水平

高职院校应该重视教师的专业知识和教学能力，提高教师的教学水平和素质。可以通过教师培训、交流研讨、观摩课程等方式，提升教师的教学能力和专业水平，促进教师与行业的交流和合作。可以邀请行业专家、企业人士等来校授课、指导教学，让教师了解最新的行业动态和发展趋势，更好地将理论知识与实际应用相结合。高职院校还可以通过开展教学观摩课程，让教师相互学习、交流教学经验，提高教学水平和教学效果。此外，可以利用在线学习平台，为教师提供便利的在线学习资源和学术交流平台，让教师能够及时了解最新的教育理念和教学方法。

第三节　高职院校教学质量管理的监督体系

一、构建高职院校教学质量管理的监督体系的必要性

构建高职院校教学质量管理的监督体系非常重要，主要体现在以下几个方面。

（一）监督体系是保障并提高教学质量的关键

一个有效的监督体系在高职院校教学活动中发挥着不可或缺的角色。通过按照既定的标准和要求进行，它不仅维护了基本的教学质量，而且在很大程度上提高了教学质量。

监督体系对于确保教学活动按照既定的标准进行至关重要。这些标准可能包括但不限于，教学大纲、教学计划、课程设置、教学方法、教学评估等。例如，高职院校的教学大纲可以明确地规定学期开始和结束的时间、每门课程的课时数、教师的教学内容和方法等。这些都是教学活动的重要组成部分，需要严格执行和监督。如果有任何偏离，监督体系将会发现并及时纠正，以保持教学活动的顺利进行。

监督体系通过设定严格的要求，有助于维护教学质量。例如，高职院校可能设定教师必须具备一定的专业资格和教学经验，以保证他们能够提供高质量的教学。此外，学校可能还会设定学生的考试和作业成绩必须达到一定的标准，以确保学生真正掌握了教学内容。这些要求可以通过监督体系进行强制执行，从而维护教学质量。

监督体系通过持续改进和反馈，有助于提高教学质量。例如，高职院校可能会定期对教学活动进行评估，包括对教师的教学方法、对学生的学习成果等进行评价。这些评价结果可以用来发现教学中的问题和不足，然后采取

相应的改进措施。通过这种方式，监督体系可以推动教学质量的持续提升。举例而言，假设某高职院校在一次教学评估中发现，大部分学生在某门专业课程中的成绩都低于标准。通过进一步调查，学校发现问题出在教学方法上，可能教师过于依赖传统的讲授方式，没有充分利用实践教学和互动教学。在收到这个反馈后，学校便可以要求该课程的教师进行教学改革，从而促进教学质量提高。

（二）监督体系可以有效弥补教学过程的疏漏

通过监督，可以发现教学过程中的问题和不足，及时进行调整和改善，优化教学过程。

监督体系可以帮助发现教学过程中的问题。这些问题可能涉及教师、学生、教材、教学方法、教学环境等多个方面。例如，教师可能缺乏有效的教学方法，导致学生难以理解和掌握教学内容；学生可能对某些课程缺乏兴趣，导致学习效果不佳；教材可能过时或不完整，导致学生无法获取最新的知识；教学环境可能存在噪音、光线不足等问题，影响学生的学习。这些问题往往难以从表面看出，需要通过详细的监督才能发现。

一旦发现问题，监督体系就可以促进教师及时作出修正，弥补教学过程中的疏漏，进行全面调整和改善。例如，如果发现教师的教学方法不合适，可以提供教师培训，帮助他们掌握更有效的教学方法；如果发现学生对某些课程缺乏兴趣，可以尝试调整课程内容，使之更加吸引学生；如果发现教材过时或不完整，可以更新教材，引入最新的知识；如果发现教学环境存在问题，可以改善教学环境，为学生提供更好的学习条件。如果监督体系足够完善，且教师能够及时接受监督人员的提示，甚至还能够在较短时间内促进教学过程实现优化。举个具体的例子，假设在一门编程课程中，大多数学生在实际操作中常常出错，而且这些错误主要集中在某几个具体的编程技术上。通过监督体系，发现这主要是因为教师在讲解这些技术时过于理论化，没有提供足够的实践示例。因此，监督人员可以要求教师在讲解这些技术时，增加更多的实践示例，并组织学生进行实践练习。同时，还可以为学生提供更多的在线资源，如教程、视频、示例代码等，帮助他们自学和实践。

（三）监督体系可以促使教师教学能力获得提升

监督体系可以帮助教师了解自身在教学过程中的优点和不足，促进教师的自我反思和自我提升。

通过监督体系，教师可以得到及时且客观的反馈。这些反馈可能来自学生的评价、同行的评估、管理者的观察等多个角度，可以全面地反映教师的教学行为和教学效果。例如，学生的评价可以让教师了解自己的教学是否能够满足学生的学习需求，是否能够激发学生的学习兴趣；同行的评估可以让教师了解自己的教学是否符合专业标准，是否有待改进的地方；管理者的观察可以让教师了解自己的教学是否符合学校的教学政策和教学目标。通过反馈，教师可以了解自身在教学过程中的优点和不足。优点可能包括良好的教学态度、丰富的教学方法、深入的专业知识等；不足可能包括过于传统的教学理念、过于单一的教学手段、不足的学生关怀等。这些优点和不足都是教师自我提升的重要线索，可以指导教师进行有针对性的改进。

（四）监督体系也是社会和行业的需求

监督体系不仅能提升教学质量，帮助教师和学生的发展，还能为高职院校提供宝贵的社会和行业需求信息，从而使教育更贴近社会和行业的实际需求，培养出更符合需求的人才。

监督体系可以通过各种途径收集社会和行业的人才需求信息。这些途径可能包括政府的政策文件、行业的发展报告、企业的招聘广告、校企合作的交流活动等。这些信息不仅可以反映出当前的人才需求，还可以预测出未来的人才趋势。例如，如果政府在政策文件中提出要发展新能源汽车产业，那么就可以预见到未来会对新能源汽车相关的专业人才有大量需求。

监督体系可以帮助高职院校分析和理解这些人才需求信息。这可能需要结合教师的专业知识、学校的教学资源、学生的学习兴趣等多个因素来进行。例如，如果发现社会对新能源汽车相关的专业人才有大量需求，就需要分析这个需求背后的具体岗位和技能需求，如电池技术、驱动技术、控制技术等；然后还需要考虑教师是否具备相关的专业知识，教学资源是否能够支持相关的教学活动，学生是否对这个领域有兴趣。

监督体系可以帮助高职院校根据这些人才需求信息，适时调整教学内容和方法。例如：可以在课程中增加新能源汽车相关的内容，如电池原理、驱动原理、控制原理等；可以在教学方法上注重实践操作和项目开发，如：组织学生进行电池实验、驱动实验、控制实验，组织学生开发新能源汽车的模拟系统等。

监督体系还可以帮助高职院校评估和反馈这些调整的效果。通过教学评价、学生就业、校企合作等方式，来了解这些调整是否符合社会和行业的人才需求，是否提高了学生的就业竞争力。例如，通过比较学生的就业率和就业薪资，来了解毕业生是否受到社会的欢迎和认可，等等。

综上所述，教学质量管理监督体系不仅可以保障教学质量，帮助教师和学生的发展，还可以帮助高职院校及时了解社会和行业对人才的需求，适时调整教学内容和方法，培养更符合需求的人才。这对于提升高职教育的社会服务能力，提高高职教育的社会影响力，都具有重要的意义。

二、高职院校教学质量管理监督体系的构建路径

高职院校教学质量管理监督体系是审视分析高职院校教学质量，并对教学质量作出判断，以及未来发展趋势预测的活动。其着眼点在于高职院校的教学质量管理情况。监督体系的建立需要遵循既定的步骤和路径。

（一）确立科学的监督观念

确立科学的监督观念是构建高职院校教学质量管理监督体系的基础。科学的监督观念是确保监督体系正确科学开展工作的"先导"。要将监督的目

标确定为提高学生的学习成果。所有的教学活动都应该以学生的需求和利益为中心。要始终确保监督体系公正公平，避免偏见和歧视。无论是对教师的评价，还是对学生的评价，都应该基于公正的标准。监督还要确保全面性，不仅要包含教学结果的评价，也应包括对教学过程的评估。教学方法、教材使用、教师教学能力等都应纳入评价范围。还要注意的是，监督的目的不是为了惩罚，而是为了改进。监督体系应该为教师和学校提供有价值的反馈，帮助他们改进教学方法和提高教学质量。

（二）成立专门的监督组织或机构

为了确保教学监督体系的有效实施和公正性，可以成立一个专门的监督组织或机构。这个组织或机构的职责包括监督教学过程，评估教学质量，提供专业建议和反馈，以及推动教育改革等。

组织或机构内的成员应该由具有不同背景和专长的校内与校外专业人员共同构成，这样可以保证评估的多元性和全面性。校内成员可能包括教师、教研室主任、学科负责人等，他们对学校的教学情况有深入的了解。校外成员可以来自教育局、教育科研机构、其他学校的优秀教师或行业专家等，这些人员可以提供独立、客观的观察和建议，帮助学校改进教学。通过这样一个多元化的专门监督组织或机构，可以更好地发挥监督作用，确保教学质量的提高，同时也能推动教育改革，提高学校的整体教育水平。

（三）保持监督体系的动态性

保持体系的动态性是构建有效教学监督体系的重要因素。教学监督体系应该是灵活和适应性强的，能够根据教学情况的变化进行相应的调整。例如，随着教学方法和技术的进步，评价指标和方法可能需要进行更新；随着学生需求和社会期待的变化，教学目标和内容可能需要进行调整。

为了实现这一目标,需要定期对监督体系进行检查和更新。检查可以包括评估体系的有效性,比如:是否有效地提高了教学质量,是否提供了有用的反馈和建议,是否符合最新的教育理念和实践等。更新则可以包括修改评价指标和方法、调整教学目标和内容、改进反馈和改进机制等。

此外,对于任何更改,都应该有一个公开和透明的过程,以确保所有的教师和相关人员都能理解和接受。这可能包括公开讨论,征求意见,提供培训等。

例如,某高职院校每个学期结束时,都会组织一个教学监督体系检查和更新的活动。在这个活动中,所有的教师和相关人员都会参与到讨论中,共同评估监督体系的有效性,提出改进建议,并就可能的更改进行投票。这不仅保证了监督体系的动态性,也提高了教师的参与度和认同感。

通过这样的方式,可以保证教学监督体系始终能够满足教学的需求,适应教学情况的变化,提高教学质量和学生的学习成效。

(四)激发教师群体在教学质量管理监督活动的参与热情

激发教师的参与不仅是构建教学监督体系的关键,也是促进教师专业成长和教学改革的重要途径。让教师参与到监督体系的设计和运行中,可以从多个方面带来益处。

教师是教学的一线实施者,他们对学生、课程和教学环境有着深入的了解,他们的经验和洞见是无法替代的。他们能提供实际的教学观察和学生反馈,为监督体系提供有价值的信息。

让教师参与到监督体系的设计和运行中,可以增加他们对体系的认同感和满意度。当教师感到他们的声音被听到,他们的意见被尊重,他们更有可能接受并积极执行监督体系的规定和要求。

参与监督体系的工作也可以为教师提供专业成长的机会。他们可以通过参与监督和评估活动,观察和学习其他教师的优秀教学实践,反思自己的教学方法，从而提升自己的教学能力。例如，一个学校可以设立教师监督委员会，委员会的成员包括各个年级和科目的代表教师。这个委员会负责设计和执行教学监督的策略，如定期进行课堂观察、收集和分析学生反馈、提出教学改进建议等。在这个过程中，教师不仅可以对监督体系有更深入的理解和认同，也可以通过分享和学习提升自己的教学能力。

第六章　高职校园文化建设

第一节　校园文化的相关概念

一、校园文化

21 世纪是经济、科技、综合国力和人才竞争的时代，尤其是在实现中华民族的伟大复兴的过程中，需要有一大批具有实践能力和创新精神的高素质复合型人才。为了应对这一挑战并适应时代的需求，我国的高等教育机构正在采取积极的对策。除了注重高等教育数量的增长之外，更注重提高高等教育的质量，积极推进高等教育改革，并实施素质教育、文化教育，大力发展校园文化，以便更好地培养高素质的人才。

（一）校园文化的定义

在学校环境中，校园文化是由学校成员在教育教学实践中共同打造的一种社会文化。其旨在培养学生和提高全体成员的文化和综合素质，以物质文化为基础，以精神文化为核心，并具有学校的独特特色。作为大学所在特定载体的一部分，校园文化不仅具有社会文化的多样性、发展性、传承性等一般属性，而且还具有先进性、教化性和辐射性等特质。

校园文化主要包括精神文化和行为文化，其中精神文化包括价值观、理想追求、思维模式、道德情感等方面。它是高等教育发展与创新的征程中必不可少的关键内容。校园文化建设以学生为主体，其活动形式、内容、层次和规模都非常多样化，对学生的影响力非常大。此外，校园文化的客观创造了一种育人的环境和氛围，学生在其中自然地接收到各种有益的熏陶和感染，这种教育方式易于被学生接受，成为学校教育的一个重要组成部分。

校园文化不仅反映了学校的办学理念、办学传统和培养目标，而且更重要的是利用共同的教育理念、价值观念和行为准则，以润物无声、潜移默化的方式影响并规范师生员工的行为。加强校园文化建设对于推进高等教育改革发展、加强和改进大学生思想政治教育、全面提高大学生综合素质具有十分重要的意义。

（二）大学精神与校园文化

大学精神是在大学长期的发展过程中逐步形成的，它是由大学所认同、追求、遵循的理想、信念、价值观、传统和行为准则等组成的体系，是大学文化的精髓，也是大学发展过程中理性与感性、共性与个性、隐性与显性、历史性与现实性、深刻性与大众性的统一体现。

大学精神的形成并非短期内可以完成的，也不是每所大学都有自己独立的大学精神。只有那些在长期的办学历史中，通过对自己大学理念的倡导、实践、总结和提炼，并在这个过程中形成独特的价值判断和理性诉求的大学，才真正具有自己的大学精神。一所大学精神的形成，与这所大学所处的时代、历史和地理环境、文化特色和师生的共同心理状态密切相关。在大学精神中，人们能看到学校的历史和现实，并形成一种信念的力量，对学校的长期发展起着持续而深远的影响。培育大学精神是提升学校办学水平和校园文化建设活力的重要源泉。

大学精神的内涵主要表现在以下四个方面。

第一，大学价值观是大学师生在长期实践中逐渐建立起来的一种共同的价值取向、心理趋向和文化定式。它是关于大学意义的全体师生或多数师生一致赞同的终极判断。在不同性质、不同层次，以及不同国家的大学中，其价值观也有所不同。价值观是文化的核心和基石，所有文化内容都是在价值观念的基础上产生的。

第二，大学理想和目标是在价值观的宏观指导下，以国际国内经济、科技、教育发展趋势为引导，以尊重教育发展的自身规律为保证，以学校自身客观条件为基础，以满足国家需求为目标，脚踏实地地形成自身的发展目标和中长期改革发展规划，并将其灌输到全体师生中去，形成全体师生或大多数师生认可的、并愿意为之奋斗的共同理想和目标。

第三，大学核心理念是为实现大学的共同理想和目标，进行改革与创新的必然要求。大学必须大力发展学校各项事业，凝心聚力共赴美好前景。为此，大学还要求全体师生遵守某些关键信条，如德国柏林大学的大学理念包括大学活动的非政治性质与大学建制的地位的统一，科学体系的内在完整性和科学对文化和社会的批判——启蒙意义的统一，以及教学和研究的统一。

第四，大学组织信念是为实现共同理想和目标提供强有力的规范和制度的支撑和保证。大多数师生应自觉认识到自身的行为与学校整体目标和任务是紧密结合在一起的，并愿意为实现这一目标而遵守共同的组织信念。这种纪律性约束可以帮助形成全体师生共同遵守的行为规范，从而推动学校更好地发展。

维护和培育大学精神是高等院校持续发展的重要任务。要在全体师生员工中加强对学校办学理念、战略发展规划、校风校训的宣传和教育，以明确自己的学校精神。只有形成了相对稳定、融合性强且具有渗透力的大学精神，才能为学校发展注入坚强的生命底蕴，并发挥其独特的功能和作用。为了培养和维护大学精神，高校应该从多个方面入手。首先，要注重推广大学的社会主义核心价值观和理念，引导学生树立正确的人生观和价值观。要建立和完善相关的制度和规范，对不遵守校规的行为进行处罚，并对遵守校规的行为进行表彰和激励。还要加强对学生的思想教育，培养他们独立思考、创新思维和实践能力，让他们成为具有担当精神的复合型人才。最后，高校应该营造浓厚的文化氛围，发扬传统、倡导创新，让学生在文化的熏陶中感受到大学的魅力和力量。

总之，大学精神是高等院校的灵魂，维护和培育大学精神对于高校的持续发展和壮大至关重要。高校应该通过多种方式和手段，推广和传承自己的大学精神，让师生员工都能认同和遵守，并在实践中不断发掘和创新，为高等教育事业的发展作出更大的贡献。

二、高职校园文化

近年来，我国的高职教育得到了快速发展，校园文化也得到了较大程度的改善和提升。高职院校在培养学生职业能力的同时，也注重学生素质教育和校园文化建设。在校园文化方面，高职院校积极推行多元文化，创新多样化的活动形式，丰富师生课余生活。比如，开设艺术、体育、科技等各类兴趣课程，举办文化艺术节、运动会、创新创业大赛等各类校园活动，以及开展志愿服务、文明礼仪等校园文化建设活动。这些活动不仅增强了学生的身心素质，同时也丰富了校园文化氛围。

（一）高职校园文化的定义

高职校园文化是高等教育环境中独特的文化现象，是指在高职院校这一特定教育环境中，除了课堂教学以外的一切教育文化现象。它以在校园内的学生、教师、管理人员和其他服务人员为主体，具有独特的物质形态、精神产品、活动方式和文化氛围等特点。高职校园文化是一种集思想导向、力量凝聚、行为约束、社会辐射和生活激励等功能于一体的文化类型。它强调高职院校必须有明确的哲学思想、道德、文化传统、价值准则和经营方针，能够用崇高的精神力量去吸引、团结、鼓舞广大教职工和学生，并最终成为学生永远的精神家园和精神故乡，使他们在不断变化的世界中有一种内在的精神支撑。高职校园文化具有强烈的时代性、鲜明的导向性、内在的凝聚性，以及内容的丰富性和发展的创新性等特征，它与课堂教学文化一起共同服务于高职院校人才培养的需要。

（二）高职校园文化的内容

作为校园文化的一个重要分支，高职校园文化的内容可以从物质、制度、精神和行为四个方面进行论述。

1. 高职校园文化的物质层面

物质层面是高职校园文化不可或缺的重要组成部分。虽然文化不仅限于物质层面，但物质作为文化的基础，是无法忽视的。在高职校园文化中，物质层面的文化聚集丰富程度直接影响到高职院校的文化内涵。

高职院校的物质聚集主要包括办公大楼、教学大楼，以及训练场地、实训设施等特色设施。这些设施是高职校园文化的代表性物质形态，是高职校园文化与其他学校文化的重要区别之一。特别是在训练场地、实训设施等方面，高职校园文化在物质层面上表现出与其他学校不同的特性，这是高职校园文化的重要组成部分。

2. 高职院校文化的制度层面

高职校园文化的制度层面是高职院校实施教育教学活动的规范化和标准化的基础，包括组织机构、管理制度、岗位职责、运行机制等。制度体现了学校的运作方式，就像一个复杂的机器，各个部件按照规定的方式协同工作，最终形成高效的运行体系，这种体系也是高职校园文化的重要组成部分。高职院校制度越灵活、现代化，自动化程度越高，其所具有的功能也就越多、越强大，学校制度层面的文化也就越先进。反之，如果学校的制度混乱、落后，其制度层面的文化也会表现出混乱和落后的状态。

3. 高职校园文化的精神层面

精神层面是校园文化的核心，包括师生共同的价值观、人生观、理想和信念等内涵。校园文化的精神层面是指校园文化的内在核心价值、意义和精神气质，体现着校园文化的文化意识、文化情感和文化认同。在高职院校中，校园文化的精神层面构建必须以坚持职业的价值导向为核心，这也是高职校园文化的特色之一。如果高职院校忽视职业价值、不以职业价值为准则、不强调职业精神价值，将难以真正实施高职教育。高职教育的职业导向与以人为本、尊重人的价值的时代理念并不矛盾。高职教育的对象是即将投身职业领域、从事职业工作、承担职业责任和履行职业使命的人，因此，这些人自然应该尊重职业价值、弘扬职业功能。

4. 高职校园文化的行为层面

"行为"在这里是指教师和学生的共同行为表现。通常提到的"三风建设"即校风、教风、学风，主要针对的就是行为层面的文化建设。行为表现是内涵的外在表现，因此，它是文化的体现。学校师生的行为越文明、越现代，学校在行为层面的文化就会显得更加文明和现代。

教师是学校的主体成员，他们的行为表现，对学生具有积极的引导作用。常常强调教师需要"以身作则"，就是这个理念的具体体现。因此，教职工的整体行为表现，是学校行为文化的重要反映。学生的行为表现，通常由班主任、辅导员，以及学生工作部门负责管理；因此，当谈论到校园文化建设时，往往会联想到这些角色，以及学校中的一些不文明现象。虽然这种联想并不全面，但也有其道理。生活在一个追求文明的时代，按照高度文明的标准去培养学生的行为表现，是学校行为文化建设的重要任务。

从物质层面到精神层面，是一个由基础到上层的发展过程、由表象到内核的深化过程、由具象到抽象的升华过程。行为层面则是高职校园文化得以动态、变化、发展和体现的动力和载体。高职校园文化的各个层面之间相互联系、相互作用，共同构建了一个有机的整体，这个整体，即是高职校园文化的全貌。

（三）高职校园文化的特点

校园文化一旦形成，就具有自身的显著特点，并且具有相当的稳定性和持久性。高职校园文化的特点（如图 6-1 所示）。

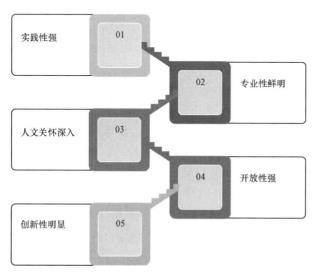

图 6-1　高职校园文化的特点

1. 实践性强

高职校园文化特别强调实践性，要求学生将学习到的知识运用到实际中去。例如，学校可能会组织一些实践活动，如企业实地考察、社会实践活动等，让学生在实践中掌握专业知识和技能，提升实际操作能力。此外，高职学校还会与企业合作开展实训项目，使学生能在实际工作环境中学习和成长。

2. 专业性鲜明

高职校园文化非常注重专业性，这体现在课程设置和教学方式上。例如，针对特定行业的需求，高职学校会开设专门的课程，如汽车维修、旅游管理、计算机技术等，以满足行业对技术人才的需求。教学方式上，教师会结合自身行业经验和专业知识，让学生了解行业现状和前沿技术。

3. 人文关怀深入

高职校园文化强调对学生全面发展的关注，包括他们的思想、情感、道德、社会能力等各方面。例如，学校可能会开设一些涉及心理健康、人生观、价值观等的课程，以引导学生形成健康的人生观和价值观。此外，学校还会定期举办一些主题活动，如心理健康月、公益活动等，以培养学生的社会责任感和集体意识。

4. 开放性强

高职校园文化倡导与社会的紧密联系，开放性表现得十分明显。例如，学校可能会与企业、行业机构建立紧密的合作关系，为学生提供实习、就业等机会，帮助学生了解和适应社会。同时，学校也鼓励学生参与到社区服务、志愿者活动中去，提升他们的社会参与意识。

5. 创新性明显

高职校园文化鼓励创新，对学生的创新思维和能力给予重视。例如，学校可能会开设创新创业课程，鼓励学生开展科技创新项目，或者参加各种科技竞赛，如"挑战杯"等。此外，学校也会提供一些创新平台，如创客空间、创新实验室等，为学生创新创业提供硬件支持和技术指导。此外，学校可能还会邀请成功的创业者或行业专家来校分享经验，激发学生的创新思维和创业热情。这些举措都充分体现了高职校园文化对创新性的重视。

（四）高职校园文化建设的意义

高职校园文化建设对提升学生的综合素质，提高教育教学质量，以及推动学校的持续发展等诸多方面都具有极其重要的作用。

1. 有利于提升教育质量

高职校园文化建设通过营造积极、和谐的氛围，有助于提高教育教学质量。具体体现在教师队伍建设、教学内容改革、教学方法创新、课程体系完善等方面。当校园文化得到充分重视，学校管理层会更注重教师的选拔和培训，提升教师的教育教学能力。校园文化还有助于激发学生的学习兴趣和积极性, 使他们更容易接受和掌握知识, 从而提高整体的教育质量。

2. 有利于塑造良好的学习氛围

高职校园文化通过各种举措, 如学术讲座、科技竞赛、社团活动等, 为学生营造一个充满活力、求知欲强的学习氛围。这样的氛围鼓励学生主动探索、勇于创新, 培养了他们的自主学习能力和团队合作精神。良好的学习氛围还有助于培养学生的道德品质和人际交往能力, 使他们更容易在未来的工作和生活中取得成功。

3. 有利于培养学生的职业素养

高职校园文化强调职业教育的实用性和针对性, 关注学生职业素养的培养。通过实践教学、企业实训、职业规划讲座等方式, 帮助学生了解所学专业的应用场景, 提前适应职业环境。同时, 高职校园文化还关注学生职业道德的培养, 通过课程教学和实践活动, 使学生树立正确的职业观念, 增强职业责任感。

4. 有利于弘扬社会主义核心价值观

高职校园文化建设是传播社会主义核心价值观的重要途径。学校可以通过举办主题班会、德育讲座、座谈会等活动, 向学生宣传社会主义核心价值观, 引导他们树立正确的世界观、人生观和价值观。此外, 学校还可以开展志愿服务、社会实践等活动, 让学生在实践中体验和实践社会主义核心价值观, 从而在他们的心中深深地烙印上爱国、敬业、诚实、友善等价值观。

5. 有利于提升学校形象

高职校园文化是学校的软实力, 具有良好的校园文化可以提升学校的整体形象, 使学校在社会上赢得良好的口碑。这对于学校的发展至关重要, 它可以吸引优秀的师资力量, 吸引更多的学生选择就读, 还可以吸引企业和社会的支持, 为学校提供更多的资源和机会。优秀的校园文化还可以提升学生的归属感和自豪感, 使他们更愿意为学校作出贡献。

6. 有利于促进校企合作

高职校园文化注重与社会的紧密联系, 通过校企合作, 使学生更好地理解和适应社会。学校可以与企业建立合作关系，为学生提供实习和就业的机会，使他们在真实的工作环境中学习和成长。企业也可以为学校提供最新的行业信息和技术，使学校的教育教学更加贴近社会需求，提升学生的就业竞争力。

7. 有利于培养创新精神

高职校园文化鼓励创新，通过各种活动和课程，可以激发学生的创新精神，培养他们的创新能力。学校可以开设创新创业课程，鼓励学生开展创新项目、参加科技竞赛等。此外，学校还可以提供一系列的支持，如创新实验室、创客空间等，为学生提供创新的场所和资源。同时，学校还可以通过邀请创业者和行业专家来分享经验，激发学生的创新思维和创业热情。

第二节　高职校园制度文化建设

一、高职校园制度文化的基本内涵

高职校园制度文化是文化研究中的一个重要领域，也是当前正在兴起的制度研究中的一个重点方向。因为制度文化可以从一个全新的视角，为文化研究、制度研究、社会研究、政治学研究等提供新的方法和思路。要准确把握高职院校制度文化的含义，要先正确认识文化、制度与制度文化三者的关系。

（一）文化

文化是一个极富深度与广度的概念，它涵盖了人类社会生活的方方面面。根据联合国教科文组织的定义，文化是"社会群体和个体在思想、艺术、生活方式、法律、道德、传统和信仰等方面所创造和遗留下来的所有非生物性财富的总和"。文化是人类历史和社会发展的产物，它以非物质形式传递着人类的知识、信仰、艺术、道德、法律和其他能力和习惯。这些元素塑造了人类的世界观，影响了人类如何看待自己和他人，如何理解世界，并在很大程度上决定了人类的行为方式。

文化既具有多样性，各地区、各民族、各群体都有其独特的文化特征；同时又具有共享性，人类共同的经验和理念在全球范围内共享和传播。这种多样性和共享性使得文化具有了极高的复杂性和丰富性。它不仅是人类历史和社会发展的重要记录，也是推动社会进步的关键动力。文化可以传递价值观，引导人们的行为，影响社会规则的制定。同时，文化也是个体自我认知和自我表达的重要方式，它让人类理解自己，表达自己，与他人建立联系。

此外，文化还涵盖了艺术、科学、教育、宗教等多个领域。在艺术领域，文化体现为音乐、绘画、雕塑、戏剧、电影等各种艺术形式；在科学领域，文化体现为科学研究的观念和方法；在教育领域，文化体现为教育理念和教育方法；在宗教领域，文化体现为宗教信仰和宗教仪式。

总的来说，文化是一个复杂而丰富的概念，它是人类历史和社会发展的产物，影响着人类的思想、行为和生活方式，同时也是人类理解世界、表达自我、与他人交流的重要方式。

（二）制度

制度是一个重要的社会科学概念，广义上，它指的是社会生活中各种规则的总和，包括政治制度、经济制度、教育制度等。狭义上，它常常特指由政府或其他权力机构设立的，具有强制性和普遍适用性的规则体系。制度的核心是规则，它们可以是明文规定的法律、法规和政策，也可以是习俗、传统或行业惯例。这些规则对于个体和组织的行为设定了限制和指引，规定了何种行为是被接受的，何种行为是被禁止的，进而影响和塑造社会的运行方式。

制度的作用是多方面的。制度可以为社会行为提供稳定性和可预见性。人们在制度的规定下行动，可以预见到其他人的行为和可能的结果，从而减少不确定性，提高社会效率。制度可以解决社会冲突，平衡各方利益。通过设定规则和程序，制度可以将潜在的冲突转化为有序的竞争，从而维护社会的稳定和谐。制度可以引导和激励社会行为。通过奖励和惩罚机制，制度可以激励人们遵守规则，进行有益社会的行为，从而推动社会的发展。当然，制度也并非固定不变，它随着社会的变化而变化。新的社会需求和问题会催生新的制度，旧的制度也可能因为失去效用或者产生负面效应而被改革或废除。制度变迁是社会变迁的重要部分，它既受到经济、政治、文化等因素的影响，也对这些因素产生影响。

（三）制度文化

研究制度文化之前，先要明确制度文化与制度之间的差别，虽然此二者都是关于制度的词汇和范畴，但是其内涵与外延存在明显的不同。

第一，制度文化主要用文化学的方法对制度加以分析和解释。因此，制度文化将制度本身当作文化现象来对待。制度文化把制度与文化看成是一个统一的整体。

第二，制度文化更加偏重于强调制度的文化层面与规则层面的内在一致性，即强调制度的价值观念、道德伦理、思想意识与习惯、规范、规则的内在一致性。也就是说，制度与制度文化虽然非常相似，但是制度文化作为文化的制度层面，比制度带有更浓厚的文化色彩，与文化的联系也更紧密。

第三，制度文化研究与制度研究相比，始终关注文化系统中制度文化与精神文化之间的相容性、协调性和互补性。文化本质上是人化。制度文化的起源、产生、形成、演进及其功能，必须有赖于精神文化。如果制度文化缺少精神文化的协调与互补，就会趋于僵硬、趋于保守，或者变得效率低下。

第四，制度文化将制度的分析纳入文化研究的范围，并且将制度作为文化分析的真正单元。也就是说，制度文化与制度的不同之处在于，制度文化并不是单独的制度分析，而是从文化整合的目的与手段着眼，将制度看成是文化为充分适应环境而逐渐发展出的体系。

根据上述分析，可以大致对制度文化作出如下的界定。

可以理解制度文化由三个重要的维度构成：一是根植于传统、习俗、经验和知识沉淀的基础层面；二是人类有意识、有目标地理性构建的高阶层面；三是包含机构、组织、设备等的执行机制层面。基础层面的制度文化是自我生成和自我发展的规范层面，展示了价值观、道德观念、风俗习惯等文化元素。而高阶层面则是有目的的、有计划的制度设计和建设层面，体现了一个社区、一个社会、一个国家通过法律制度所确认的政治、经济、社会、文化等正是制度层面。基础层面与高阶层面是相互统一和协调的，是实现制度文化功能的核心。

制度文化代表了文化的规范和秩序体系。作为一个复杂的整体，文化的意义系统必然会表现为特定的规则和稳定的秩序。这意味着制度文化强调的特性是，文化不仅仅是人的精神心理活动，而是人类所有活动的集合。因此，人类的精神心理活动必然会寻找一个合适的环境来保障和维持精神文化的存在。这种环境可以是个体或群体间经过反复博弈自然选择出的秩序，或者是有意识设计或构建的规则。因此，制度文化凸显了与人类精神心理活动的兼容性、协调性和互补性。

制度文化是文化的核心表现。作为文化的核心体现，制度文化反映并保持了由文化的物质层面和精神层面构成的整体。因此，制度文化作为文化的核心，在文化的三个层面或三个系统中发挥着关键的作用。这种特性意味着，尽管文化的演进是文化三个层面或三个系统的协调互动，但文化整体的协调互动必须依赖于一个健康有效的秩序，而这只能通过制度文化来实现。

（四）高职校园制度文化

高职校园制度文化是高等职业教育环境中的一个重要组成部分，它主要是指在高职校园中形成并贯彻执行的一系列制度及其产生的影响。这种制度文化既包括明文规定的校规校纪、教育政策和管理制度，也包括校园中潜移默化形成的规范和习惯，以及教师和学生的行为规范和价值观。

高职校园制度文化的基本层面主要来源于校园内的传统、习惯、经验和知识的积累。这些积累在一定程度上塑造了校园的价值观念、道德伦理和风俗习惯。例如，对学术诚信的尊重、对知识的热爱、对劳动的尊重等都是高职校园文化的重要组成部分。这些基本层面的制度文化是自我生成和自我发展的，它们是校园生活的基石，对于形成健康的高职校园文化环境起着关键的作用。

高职校园制度文化的高级层面主要是人类有意识、有目标地理性构建的。这包括由学校管理层设计和实施的各种教育政策、校规校纪、教学管理制度等。这些制度在校园内确立了一种正式的秩序，规范了学校的运作，也规定了师生的权利和责任。这种高级层面的制度文化反映了学校作为一个社区、一个教育机构的正式制度，它为校园生活提供了明确的行为准则和期望。

高职校园制度文化的实施机制层面包括了实施这些制度的机构、组织和设备。例如，学校的管理机构、教师团队、学生会，以及用于实施和监督制度执行的各种设备和技术。这些实施机制保证了制度的执行，也是制度文化得以实现和持续的关键。

高职校园制度文化是文化的规则层面和秩序系统。它规范了师生行为，塑造了校园的价值观，也维护了校园的秩序和稳定。高职校园制度文化对于培养学生的职业素养、职业技能和职业道德具有重要意义。一个良好的制度文化环境能激发学生的学习兴趣，培养他们的创新精神和团队协作能力。同时，规范的制度文化也有助于提高教师的教育教学质量，营造健康的师生关系，以及形成积极向上的校园氛围。

二、高职校园制度文化建设的路径

高职校园文化制度文化建设过程需要运用多项手段和路径，这些路径并不是孤立存在的，而是相互关联，共同构成了高职校园制度文化建设的完整方案。

（一）明确高职校园制度文化建设的目标

在高职校园的制度文化建设中，目标的明确性是至关重要的。因为目标不仅为行动提供了方向，而且为努力赋予了意义。

高职校园制度文化建设的目标应以培养学生全面发展为主导。在高职校园中，目标不仅是教育学生获得必要的专业知识和技能，更重要的是培养他们全面发展的能力。这包括思考能力、解决问题的能力、创新能力、团队协作能力，以及自我学习和自我管理的能力等。只有全面发展的学生，才能适应社会的多元化需求，才能在未来的职场上取得成功。

提高教学质量也是高职校园制度文化建设的重要目标。教学质量的提高，不仅需要教师的专业知识和教学技巧，也需要良好的教学环境和制度保障。例如，教学质量评估制度、教学改革制度、教师培训制度等，都是提高教学质量的重要保障。通过制度文化建设，可以有效地推动教学质量的提高，让每一个学生都能获得高质量的教育。

提升师生满意度是制度文化建设的另一重要目标。师生满意度是衡量学校教育质量的重要指标，也是学校发展的重要推动力。提升师生满意度，需要建立一套公平公正的评价制度，让每一个师生都能在公平的环境中展示自己的才华；还需要建立一套完善的激励制度，让每一个师生都能在学习和工作中找到动力和乐趣；更需要建立一套有效的反馈制度，让每一个师生的意见和建议都能得到及时的回应和处理。

（二）倡导参与性制度构建

在高职校园制度文化建设过程中，倡导参与性制度构建是至关重要的。这种方法强调校园内的所有成员，包括学校领导、教职员工、学生，甚至家长都应该积极参与制度的建设过程。在这个过程中，每个人都是重要的利益相关者，他们的观点和建议对制度的形成具有不可忽视的影响。

学校的领导层在制度构建中起着关键的作用。他们不仅需要提供策略指导，以确保制度的建设与学校的整体战略目标相一致，同时，他们还需要在实施过程中发挥领导作用，保证制度的有效执行。

教职员工的参与同样重要。作为制度执行的主体，他们对制度的合理性和可行性有着深入的理解。他们的参与能够确保制度的实用性，同时也有助于提高教职员工对制度的认同感，增强他们的执行力。

学生作为制度的直接受益者，他们的需求和期待应该被充分考虑。他们对学校环境的直接感受和经验，可以为制度的构建提供宝贵的反馈。同时，学生的参与也有助于提高他们对制度的理解和接受度。

家长作为学生的重要支持者，他们对学生的学习环境有着高度的关注。他们的观点和建议，尤其是对学生健康、安全和成长的关心，可以为制度的构建提供重要的参考。

通过这种参与性的制度构建，可以确保制度的公正性和可操作性。公正性意味着制度的构建考虑到了所有利益相关者的利益，没有偏袒或忽视任何一方。可操作性则意味着制度的设计充分考虑了实际执行的可能性和可行性，不是空中楼阁，而是能够真正落地生根，产生实际效果。

（三）加大制度文化建设的执行力度

强化高职校园制度文化建设的执行力度是至关重要的。有效的执行能确保制度的实际效果，同时也体现出高职校园对于规则和秩序的尊重。

要明确制度的存在不仅是为了形式，更是为了在实际中起到指导和规范作用。制度的设计和制定，只是制度建设的一部分，更重要的是要关注制度的执行。只有当制度真正落地并被严格执行，才能真正发挥其应有的作用。因此，高职校园需要建立健全的制度执行机制，使每一个制度都能得到有效执行。这包括定期的制度执行情况评估，对执行不力的情况进行追责，以及对执行效果好的情况进行奖励。这样，才能形成良好的执行氛围，使每一个人都认识到执行制度的重要性，从而主动遵守和执行各项制度。

高职校园还需要注重制度执行的透明度。制度的执行情况应该公开透明，让每一个人都能清楚地了解到制度的执行情况。这样，不仅能增强制度的公信力，也能让每一个人都有机会参与到制度的执行中来，共同监督制度的执行。

加大制度文化建设的执行力度还需要不断弘扬和传播制度文化。要让每一个人都认识到，遵守和执行制度，是每一个人的责任和义务，是实现学校发展目标，提高教学质量，提升师生满意度的必要手段。

加大制度文化建设的执行力度，需要从制度执行机制的建立，制度执行的透明度，以及制度文化的弘扬和传播等多个方面进行努力，只有这样，才能真正实现制度文化建设的目标，推动高职校园的发展。

（四）定期评估校园制度文化建设的成效

对高职校园制度文化建设的成效进行定期评估，是确保制度文化建设不偏离目标，不断优化和完善的重要手段。

定期评估可以及时发现制度执行中的问题。每一个制度都是为了解决一定的问题或达到一定的目标，而在实践中，总会出现预期外的情况，或者因为环境变化，原有的制度可能已经不能满足新的需求。通过定期评估，可以及时发现这些问题，从而调整和优化制度，使其更好地服务于学校的发展。定期评估可以明确制度执行的成效。制度不仅要被执行，而且要有成效。通过对制度执行成效的定期评估，可以明确每一个制度的效用，判断其是否达到了预期的目标，是否有必要进行调整或者废止。此外，定期评估也是对制度执行的一种监督。制度的执行需要每一个人的参与，而定期评估则可以让每一个人都参与到制度执行的监督中来。这样，就可以形成一种全员参与的制度执行氛围，从而提高制度的执行力度。

在进行定期评估时，管理者需要使用科学的评估方法，确保评估的公正、公平、公开。评估的结果应当用于制度的优化和完善，而不是用于对个人的惩罚。同时还要注重评估结果的传播，让每一个人都能了解到制度执行的情况，从而提高制度的透明度，增强制度的公信力。

总之，定期评估校园制度文化建设的成效，是推动制度文化建设的重要手段。要通过定期评估，不断优化和完善校园制度，推动高职校园制度文化建设的发展。

（五）积极开展"制度文化"的宣传与教育

高职校园制度文化的宣传与教育是深化制度文化建设的关键一环，它能够提升师生的制度意识，加大制度的执行力度，同时营造一个有序、公正、和谐的校园环境。

开展多元化的制度文化宣传是扩大制度文化影响力的重要途径。例如，学校可以邀请社会学、法学等相关领域的专家学者举办讲座，深入浅出地解析制度的重要性和制度文化的价值所在。同时，通过制作精美的宣传册和海报，在校园内设立宣传栏，定期更新制度文化的相关内容，可以让师生在日常生活中随时接触到制度文化的信息。还可以利用数字化媒体，如校园网站、微信公众号等，进行制度文化的在线宣传，可以让信息传播更迅速、更广泛。

将制度文化教育融入到教学中是培养学生制度意识的重要方式。在课程设计中，可以设置相关的课题，如"制度的力量"，让学生通过查阅文献、撰写论文等方式，深入理解和思考制度文化。还可以通过设立制度执行的案例研究，让学生在解决实际问题的过程中，了解并体验到制度的作用。

鼓励全校师生参与制度文化的宣传与教育，是提升制度文化影响力的有效方式。比如，学校可以举办制度知识竞赛，通过竞争的方式，激发师生学习和了解制度文化的兴趣。又如，开展制度宣传海报设计比赛，既可以让师生通过创作来理解和表达制度文化，又可以通过优秀作品的展示，让更多的人了解到制度文化的内容。

三、高职校园制度文化建设的注意事项

在高职校园制度文化建设中，需要注意一些关键的事项，以确保相关工

作能够更好地推动学生的全面发展，提高教育教学质量，以及营造一个积极向上的校园环境。

（一）保证制度文化与高职教育的目标和理念相一致

在制定和执行各项制度时，必须坚持以学生为本，以培养高素质技术技能人才为核心，确保制度文化的内容和实施方式能够有助于学生的全面发展。例如，可以通过制定学术诚信、学生行为等方面的规章制度，来促进学生的职业素养和道德素质的培养。

（二）重视制度文化在校园内的传播和实施

一个良好的制度文化不仅需要明确的规定和要求，更需要得到全体师生的理解和接受。因此，需要采取有效的方式，如举办培训、讲座、研讨会等，来帮助师生了解和理解各项制度，增强他们的认同感和遵守意识。同时，也需要建立有效的监督和评价机制，以确保制度得到有效执行，发挥其应有的作用。

（三）持续优化和完善制度文化

社会在不断发展，教育环境和需求也在不断变化，需要根据这些变化，定期评估和修订的制度，以确保它们能够适应新的环境和需求。可以通过收集师生的反馈，调查研究其他高职院校的优秀实践，来找出的制度可能存在的问题和不足，从而对其进行改进和完善。

（四）充分发挥师生在制度文化建设中的主体作用

师生是制度文化的主要执行者和受益者，他们的参与和意见对于制度文化的建设至关重要。可以通过各种方式，如举办讨论会、征集意见等，来鼓励师生参与制度的制定、实施和评价，让他们在这个过程中发挥主体作用，增强制度文化的生命力。

第三节　高职校园行为文化建设

一、高职校园行为文化的基本内涵

高职校园行为文化涵盖了学习行为、师生交往、社团活动、公共行为等各个方面，反映了学校的精神风貌和价值取向。好的高职校园行为文化，能够引导学生形成良好的学习习惯和社会行为，提升他们的团队协作和社会适应能力，培养出积极向上、遵纪守法的高素质技术技能人才。

（一）行为文化

行为，简单而言，是对内部思维或外部刺激的反应，是个体有目的地，为满足某种需求而展现出来的行动。它是个体与其环境交互的具体表现。而行为文化，则是一种深厚的文化形态，它的产生并非一蹴而就，而是通过人类从无知走向文明的过程中长期累积和积淀而形成的。

在人类历史长河中，行为文化集合了丰富而进步的文化行为，包括社会心理、思考模式和生活习俗等在内的多元元素，这些都形成了它的外在表现。在此，所讨论的文化行为，与野蛮或粗鄙的行为形成鲜明对比。文化行为是在主观意识的驱动下，按照一定规范进行并取得一定成果的目的性活动。可以说，行为文化是文化行为的一种提升，而文化行为则是行为文化的基石。

行为文化在具体实践中，可能表现为人们的生活方式、实践行为、态度、价值观等。总的来说，行为文化由三个要素构成：价值取向、行为方式和行为环境。行为方式是个体行为的具体展现，价值取向则是选择行为方式的标准。人们的行为方式总是受到行为环境的影响和引导。

在这个意义上，价值取向是行为文化的中心，行为方式是行为文化的具体展现，行为环境则为行为文化的生长提供了肥沃的土壤。社会环境通过对行为方式的引导和约束，反向影响人们的价值取向。不同的社会环境培养出不同的价值取向，因此，行为环境决定了价值取向的形成。

（二）校园行为文化

校园行为文化是学校教育文化的重要组成部分，它反映了学校的精神风貌和教育质量，对学生的成长和学校的发展起着重要的影响。校园行为文化主要表现在学生的日常行为中，如课堂表现、课间活动、团队协作等。它旨在引导学生树立正确的价值观，形成良好的行为习惯，塑造健康的人格特质。这不仅涉及学生的学业成绩，更关乎他们的道德素质、社交能力、创新思维等综合素质。更需要注意的是，校园行为文化包括但不仅限于学生的行为，也包括教师行为文化、管理者行为文化等。

1. 学生行为文化

学生行为文化是学校文化中的一种重要类型，涉及学生们在学校环境中的各种行为和习惯，它反映了学生的价值观念、道德品质、心理素质、生活习惯等多方面的特点。

（1）学生行为文化体现在学生的学习行为上。这包括他们对学习的态度、学习的目标设定、学习的方法选择、学习的积极性等。一个良好的学习行为文化能够让学生们形成积极的学习态度，采用高效的学习方法，提高学习的成效。

（2）学生行为文化也表现在学生的课余生活中。例如：他们如何利用课余时间，是否有参加社团活动，如何处理人际关系，如何面对挫折等。这些行为不仅反映了学生的生活习惯和生活能力，也影响了他们的人格成长和社会适应能力。

（3）学生行为文化在他们的道德行为中也有所体现。这涉及他们对待他人的态度、对社会的责任感、对环境的保护意识、对道德规范的遵守等。良好的道德行为文化能够使学生形成高尚的道德品质，增强他们的社会公德意识。

（4）学生行为文化也表现在他们的心理行为上。例如：他们对失败的应对策略、对成功的认识、对挑战的态度、对情绪的管理等。健康的心理行为文化能够帮助学生建立正确的人生观，提高他们的心理素质和抗压能力。

（5）学生行为文化还体现在他们的健康行为上。如他们的饮食习惯、运动习惯、卫生习惯、安全意识等。良好的健康行为文化能够促使学生养成健康的生活方式，提高他们的身体素质和生活质量。

2. 教师行为文化

教师行为文化是教师在教育教学过程中呈现出的有规律的行为和习惯模式。它既展示了教师的价值观、教育信念和教学技巧，又是学校文化的重要元素，对学生的教育产生了深远的影响。

教师行为文化体现为教学设计、执行和评价等环节的综合能力。教师的教学观念、教学方法和教学风格都会对学生的学习成效和学习热情产生深远的影响。因此，教师需要根据学生的个体差异和需求，灵活运用各种教学手段，创新教学模式，以提升教学质量。

在教育行为上，教师行为文化体现为教师在教学之外，对学生进行品格和道德教育的过程。教师的关爱、尊重、引导和鼓励对学生的品格、情感、态度和价值观的形成起着关键的作用。

在教研行为方面，教师行为文化体现为教师对自身教学实践的反思、研究和改进。参与教研活动可以让教师持续更新自己的教育教学理论，提升教学能力，从而推动自身的专业成长。

在服务行为上，教师行为文化体现为对学生、家长和社会的服务。教师需要以开放和合作的心态，积极参与到校园活动中，服务于学生和家长，满足社会的期望，实现自身的价值。

在专业发展行为上，教师行为文化体现为教师对教育领域新理论、新技术、新发展的持续关注。教师需要通过阅读、进修、研讨等方式，不断提升自身的专业素质和教育智慧。

综上所述，教师行为文化是教师专业行为的整体表现，它不仅体现了教师的专业素养和教育理念，也展示了教师在教育教学实践中的行为特征和习惯模式。

3. 管理者行为文化

管理者行为文化是指在高职校园环境中，管理者通过自身的行为规范和习惯，营造和维护良好的校园文化环境的活动。管理者行为文化体现在以下几个方面。

（1）决策行为，管理者的决策行为体现了其理性思考和决策能力。良好的决策行为能够有效地引导和推动学校的发展，解决学校面临的问题，保证学校运行的正常和稳定。

（2）组织协调行为，管理者通过组织协调行为，将学校的资源、人力、信息等有效地整合起来，协调各方面的利益，实现学校的目标。

（3）沟通行为，管理者的沟通行为能够有效的传递信息，解决矛盾，调动员工的积极性和创造性。有效的沟通行为能够建立和维护良好的人际关系，促进学校内部的和谐与团结。

（4）激励行为，管理者通过激励行为，激发员工的工作积极性和创新性，提高工作效率和质量。激励行为既包括物质激励，也包括精神激励，如表扬、赞赏、承认等。

（5）学习行为，管理者通过学习行为，不断提升自身的知识和能力，适应和应对快速变化的环境。学习行为包括自我学习、参与培训、阅读专业书籍、参加学术研讨等。

（6）伦理行为，管理者的伦理行为体现了其道德品质和职业素养。良好的伦理行为能够赢得员工的尊重和信任，塑造良好的组织形象。

（三）高职校园行为文化

高职院校校园行为文化，就是在高职院校发展中长期形成的并通过高职校园各主体的行为活动展现出来的文化形态的总和。它主要包括校园主体在学校教育教学、科研、实践实训、学习、生活及文体等活动中所表现出来的精神状态、行为操守和文化品位，它是办学理念、校园精神、校园环境、校园制度、价值取向，以及校园人际关系的动态体现和动态反应。

高职院校校园行为文化既是对校园精神文化的诠释，也是对校园制度文化的检验，更是对高职院校园主体行为模式特征的凸显。因此，校园行为文化在校园文化的整体建设中具有举足轻重、不可缺少和无法替代的地位，是推动校园文化建设的良好载体。

高职校园行为文化的特点包括时代性、开放性、地域性、职业性。时代性指社会的进步、时代的发展使得校园人的审美观念、生活方式、思维模式等产生了深刻的变化，并充分反映在校园行为文化的建设中。高校校园行为文化在内容上，始终应保持同时代发展的方向相一致，与时俱进，以唱响主旋律为己任；在形式上，应不断推陈出新，由单调到丰富，以时代的理念、和谐的思维，不断完善自身。开放性指只有开放的高校校园行为文化，才能取得新的活力与进步，更好地参与多种文化之间的交流，并在有效的交流中获得新思想。地域性指许多高职院校的办学目标是为地方经济服务，其行为文化往往要依靠某一区域的行业特色，并具有明显的区域性。高职院校应建立与地方经济文化相适应的具有地域性特色的高职院校行为文化。职业性指高职院校培养的是技能型人才，与传统普通高校相比，高职院校更具有鲜明的职业指向性。高职院校行为文化建设应该突出学生能力为本位的培养目标，突出职业教育的应用性、实践性、基层性特色。因此，职业院校的学生在实践活动中应该带有明显的职业性，使学校的活动处处体现出职业教育的本质特性。

二、高职校园行为文化建设的路径

加强高职校园行为文化建设，是提高高职教育质量，实现高职教育目标的重要途径。因此，教育有关部门和各高职院校管理者需要共同进行大量实践。

（一）强化思想政治教育

强化思想政治教育是建设优秀校园行为文化的重要一环。它的核心是通过教育和引导，让校园成员树立正确的世界观、人生观和价值观，明确行为文化的定义和标准，从而形成良好的行为习惯和规范。

需要注重思想政治教育的常态化和系统化。通过定期的讲座、研讨会、主题活动等，使思想政治教育渗透到校园生活的每一个角落。同时，也应该利用好现代信息技术，如网络、微信、微博等，开展线上的思想政治教育，让更多的校园成员能够接受思想政治教育的影响。

需要深入开展思想政治教育的内容创新。不能仅停留在传统的思想政治教育内容上，而应结合时代特点和学生特性，引入新的教育内容和方法。比如，可以设计一些与学生生活密切相关的思想政治教育案例，引导学生通过实际问题去理解和认识思想政治教育的重要性。

需要加强师资队伍的建设，提高思想政治教育的质量。应该重视和加强对教师的思想政治教育培训，使他们在教学中能够更好地融入思想政治教育的内容，引导学生树立正确的价值观。同时，也应该引进和培养一批高素质的思想政治教育工作者，提升思想政治教育的专业性。

还需要重视对思想政治教育成果的评价和反馈。应建立健全思想政治教育效果评价机制，定期对思想政治教育工作进行检查和反馈，及时发现问题，不断优化和提升思想政治教育的质量。

（二）狠抓行为规范的制定与落实

确立并严格执行行为规范是建立优秀校园行为文化的重要手段。行为规范不仅提供了一个行为的标准和参照，也是一种社会控制的手段，能引导和规范校园成员的行为，使其符合社会的期望和要求。因此要制定切实可行的行为规范，从而为形成优秀校园行为文化提供制度保障。在执行行为规范时，必须强调其严肃性，并通过检查和考核来保证制度的有效实施。

制定一套切实可行的行为规范。这需要深入了解学校的实际情况，充分考虑学生的特性和需求。例如，可以根据学生的学习习惯和生活方式，制定关于课堂行为、图书馆使用、宿舍管理等方面的规定。同时，还要广泛征求学生和教师的意见，让他们参与到行为规范的制定过程中来，以使规范更加具有针对性和实效性。只有这样，行为规范才能得到校园成员的广泛认同和积极执行。

　　严格执行行为规范，以保证其在实际中的有效性。这不仅需要通过各种方式，如讲座、研讨会、公告等，让校园成员充分了解和认同行为规范，还需要建立一套完善的监督机制，如定期检查、随机抽查、同行评价等，以保证行为规范的执行情况。同时，还可以设置一些激励机制，如奖学金、荣誉称号等，来鼓励和奖励遵守规范的行为，而对于违反规范的行为，则需要严肃处理，以示警戒。

　　根据时代的发展和校园环境的变化，不断完善和更新行为规范。随着科技的发展和网络的普及，网络行为已经成为日常生活的一部分，需要制定相应的网络行为规范，以防止网络欺凌、网络诈骗等不良行为的发生。同时，还需要关注学生的需求和期望的变化，及时调整和优化行为规范，使其始终能够适应时代的发展和学生的需求。

　　加强对行为规范执行情况的反馈和评价。可以通过定期的检查和评价，了解行为规范的执行情况，发现问题，及时进行调整和改进。还可以鼓励校园成员提供反馈，分享他们的经验和建议，以便能够更好地理解和改善行为规范的执行情况。

　　总的来说，只有制定并严格执行切实可行的行为规范，才能为建立优秀的校园行为文化提供制度保障。在这个过程中，不仅要注重规范的设定，还要重视规范的执行，同时也要注重规范的反馈和优化。只有这样，才能真正形成一种优秀的校园行为文化，提升学校的整体素质和形象，为学生的成长和发展创造一个良好的环境。

（三）丰富高职院校文化活动

在高职院校中，文化活动是形成和培养积极行为文化的重要组成部分。文化活动不仅可以提高学生的综合素质，也可以在潜移默化中引导学生形成良好的行为习惯。因此，需要设计和开展一系列丰富多彩、内涵丰富的校园文化活动。

开展和学校历史文化相关的活动，如升旗仪式、参观校史展览馆、校训宣讲、学唱校歌等，可以帮助学生深入了解和感受学校的历史沿革和独特文化。举例来说，升旗仪式不仅弘扬爱国主义精神，同时也是对学校精神的传承和弘扬。校训宣讲可以使学生明确学校的办学理念，同时也能将这些理念内化为日常行为的准则。

开展和学科学习相关的活动，如学术讲座、科技展览、论文比赛等，可以拓宽学生的知识视野，激发他们的学习兴趣。例如，学术讲座可以邀请行业专家进行分享，帮助学生理解学科前沿和职业发展趋势，提高学生的学习目标明确性和行为自觉性。

开展和艺术体育相关的活动，如艺术节、体育节、演讲比赛、歌咏比赛等，不仅可以丰富学生的课余生活，提高他们的审美素养和体质健康，更可以通过团队合作和竞技比赛，培养学生的团队协作能力和竞争意识。例如，艺术节的策划和执行过程，可以让学生在实践中学习和运用艺术知识，同时也能培养他们的组织和协调能力。

开展特色教育活动，如法制教育月、师德教育月、优质服务月等，可以使学生更好地理解和实践法律、道德和服务等知识。例如，法制教育月可以通过模拟法庭、法律讲座等形式，使学生理解法律的重要性，并培养他们遵守法律的行为习惯。

总的来说，通过丰富多彩的校园文化活动，学生可以在陶冶情操、养成良好行为习惯的同时，提高其自身的综合素质和竞争力。这不仅有利于学生的个人发展，也有利于学校的长远发展。

三、高职校园行为文化建设的注意事项

在推动高职校园行为文化建设的过程中，以下几个方面需要特别注意。

1. 注重实践性：高职校园行为文化的建设应注重实践性，倡导"学以致用"的理念。应通过实践活动，让学生在实践中了解和认识到良好行为的重要性，从而自觉遵循。

2. 注重个性化：每个学生都有自己独特的个性和需要，教育方式和内容应针对学生的个性和需求进行个性化设计，以提高教育效果。

3. 注重综合素质：行为文化建设不仅是行为规范的约束，更应着眼于学生综合素质的提升。包括思维能力、情感态度、价值观等方面的培养，以实现学生全面发展。

4. 注重持续性：行为文化建设是一个持续的过程，不能一蹴而就。应通过持续的教育和引导，使良好的行为习惯在学生中得到强化和延续。

5. 注重参与性：行为文化建设应充分调动学生的参与积极性，鼓励学生积极参与到行为规范的制定和实施过程中，以增强规范的针对性和有效性。

6. 注重反馈机制：在行为文化建设过程中，要建立有效的反馈机制，定期评估教育效果，及时调整和完善教育方式和内容。

7. 注重环境影响：学校环境对学生行为有重要影响。学校应营造一个积极、健康、有序的校园环境，以引导和激励学生形成良好行为。

以上这些注意事项，是在进行高职校园行为文化建设时，需要细心遵循和考虑的方面，只有这样，才能使校园行为文化建设取得实效，培养出具有良好行为习惯的优秀学生。

第七章　高职院校学生管理

第一节　高职院校学生管理的相关概念

一、高职院校学生管理的基本内涵

高职院校学生管理是教学管理的组成部分。学生管理涉及教育教学全过程中的学生行为管理、学生思想教育、学生生活管理等方面，它是高职院校教学管理的重要组成部分，与课程教学、教师管理等紧密相连。在分析和研究高职院校学生管理的相关内容之前，有必要对"管理""学生管理"等概念进行了解。

（一）管理

管理是一种综合的社会活动，它涵盖了对组织内外各种资源的规划、组织、领导和控制，以实现组织的目标。在这个过程中，管理者需要有明确的目标，制定合理的计划，并有效地组织资源，实现这些计划。

管理活动对于管理者具有很高的要求：第一，管理者需要进行规划，规划是确定组织目标的过程，需要考虑组织的长远发展，以及如何实现这些目标。在规划过程中，管理者需要考虑各种因素，如组织的内外环境、资源的分配和利用等；第二，管理者需要进行组织，组织是指建立和维持一种工作结构，将人、物、资金等资源整合在一起，以便实现组织目标，在组织过程中，管理者需要确定工作任务，分配工作职责，建立工作关系；第三，管理者需要进行领导，领导是指通过影响和激励他人，使他们愿意并能够为实现组织目标而工作，在领导过程中，管理者需要具备良好的沟通能力，能够理解和激发员工的潜力，培养员工的积极性和创新性；第四，管理者需要进行控制，控制是指通过比较实际结果和预期目标，找出偏差，采取必要的纠正措施，以确保组织目标的实现，在控制过程中，管理者需要建立有效的监控机制，及时发现和解决问题。

（二）学生管理

学生管理，作为教育工作的关键组成部分，它深度涵盖并贯穿于学生的行为、学习、生活和精神健康的全方位管理中。它旨在培养学生形成良好的行为习惯、学习能力和人格品质，并有力地助推学生适应社会生活的能力。

在行为方面，学生管理通过制定和执行一系列的行为规范和纪律要求，结合奖惩机制，引导学生自我约束，尊重他人，遵守学校规章制度，从而塑造良好的行为习惯。行为规范可能包括课堂纪律，例如上课时间不能迟到早退、课堂上不能随意说话，以及生活习惯，如宿舍要保持清洁等。

在学习方面，学生管理通过制定学习计划，定期考核，及时反馈，以帮助学生掌握有效的学习方法，提高学习效率，激发学习兴趣，并提高学习成绩。学校可能会要求学生每天完成一定的学习任务，定期进行考试评估，并根据学生的学习情况进行个性化指导。

在生活管理方面，学生管理通过提供良好的生活环境，丰富多彩的校园活动，以及有效的生活指导，让学生感到学校就像一个大家庭，形成健康的生活习惯，提高生活能力，享受校园生活。学校可能会提供舒适的宿舍，丰富的食堂菜品，多样的体育设施，并举办各种文体活动。

在精神健康方面，学生管理通过心理咨询、情绪疏导、人生规划等方式，帮助学生处理学习和生活中的压力和困扰，提高他们的情绪管理能力，增强他们的人生目标感和幸福感。学校可能会设立心理咨询室，定期举办心理讲座，提供人生规划咨询。

可见，学生管理是一项复杂而重要的任务，只有通过有效的学生管理，学生在学校中才能得到全面的发展，也为他们的未来奠定坚实的基础。

（三）高职院校学生管理

高职院校学生管理是在高等职业教育背景下，针对学生群体进行的一种专门的、系统的管理活动。它包括对学生的学习行为、日常行为、心理状态、道德素养、生活习惯等全方位的教育和引导。它的根本目标是通过全面细致的管理，激发学生的潜能，引导他们形成正确的价值观，培养出专业技能，具备良好的道德品质和强烈的社会责任感，以满足社会和经济发展的人才需求。

高职院校学生管理包含的关键要素有学生、教师和管理人员、管理策略和制度、管理环境。其中，学生是高职学生管理的核心对象，他们的行为、态度和成长是管理的主要关注点。例如，通过对学生课堂纪律、学习习惯的管理，以及开展形式多样的道德教育活动，帮助学生建立积极的学习态度，养成良好的生活习惯。

教师和管理人员则是高职学生管理的主要执行者。他们不仅需要有专业的教育技能，还需要有高尚的教师道德和强烈的责任感。例如，辅导员需要深入了解每一个学生的学习和生活状态，针对性地给予指导和帮助；教师在教学过程中，既要传授知识，也要注重学生的思想教育，引导他们形成正确的人生观和价值观。管理策略和制度是高职学生管理的重要工具。有效的管理策略应该以人为本，注重激励和引导，而不仅是惩罚和约束。例如，学校可以通过设立奖学金、"优秀学生"称号等方式，激励学生努力学习，积极参与社会实践。同时，明确的规章制度则为管理提供了依据和保障，如学生守则、课堂纪律等，都应该明确规定并严格执行。管理环境则是高职学生管理的重要支持。学校的文化氛围、硬件设施、教学资源等都会对学生管理产生影响。例如，学校可以通过举办各种文化活动，创建积极向上的校园文化氛围，对学生进行无形的教育和引导。

理解和研究高职学生管理，需要从多个层面或角度入手。它首先是教育，旨在帮助学生建立正确的价值观，树立明确的人生目标，培养良好的品质和习惯。例如，通过开展思想品德课程，引导学生形成积极的世界观、人生观和价值观。其次，高职学生管理是引导，它通过多种形式，如课程设计、课外活动、社会实践等，引导学生形成积极的学习态度，掌握有效的学习方法，提高解决问题的能力。例如，学校可以举办职业规划讲座，帮助学生明确职业方向，规划学习路径。再次，高职学生管理也是服务，它为学生提供必要的生活、学习、心理等方面的支持和帮助。例如，学校可以设立心理咨询室，定期开展心理健康讲座，为学生提供心理咨询服务，帮助他们解决心理问题。最后，高职学生管理是监督，通过制度和规章的执行，监督学生的行为，确保其符合学校规定和社会期望。例如，学校可以定期开展寝室卫生检查、学习态度评估等，对不符合规定的行为进行及时纠正和处罚。

在实施高职学生管理时，应该以人为本，全面关注学生的发展，尊重学生的个体差异，强调学生的主体性，兼顾学生的权利和责任。管理不仅要严格，还要有温度，既要有规章制度的约束，又要有人文关怀的呵护。例如，对于违反校规的学生，除了必要的惩罚，更应该找出问题的根源，做好教育引导，帮助他们改正错误。同时，高职学生管理也应积极适应信息化、智能化的发展趋势，利用现代技术手段提高管理的效率和效果。例如，可以通过建立学生信息管理系统，实现学生信息的集中管理和快速查询，提高工作效率。

总的来说，高职学生管理是一项系统性、全面性、动态性的工作，它不仅关乎学生的个人发展，也影响着学校的教育质量和社会的和谐稳定。因此，需要用心去做好每一个细节,用爱去感化每一个学生,用智慧去解决每一个问题。例如,对于学业落后的学生,需要深入了解其学习困难的原因,提供针对性的辅导和帮助,而不是简单地责备或者忽视。对于行为问题的学生,需要从他们的生活背景、心理状态等多方面去理解,给予适当的引导和支持,而不是简单地惩罚。

二、高职院校学生管理的现实意义

高职院校学生管理的现实意义十分深远。它不仅关乎高职院校学生的个人发展,也影响着学校教育质量的提升,乃至社会和谐稳定的维护。下面从多个角度进行深入剖析。

对于学生个体来说,高职院校学生管理的实施有助于他们的全面发展。学生管理的过程,实际上是一种教育过程,通过这种过程,学生的知识、技能、品格和情感等各方面都得到了提升。管理过程中的规章制度和激励机制,能让学生明确自我发展的方向,培养良好的学习和生活习惯,形成积极的人生态度。例如,学校通过设立奖学金和荣誉称号,激励学生积极投入学习和社会实践,培养出自主学习、团队合作等一系列核心素养。

对于学校来说,高职院校学生管理的有效实施,有助于提高教育教学质量,进一步树立学校的良好形象。学生管理的质量直接反映了学校的教育教学水平。而学生作为学校的一面镜子,他们的行为举止、学业成绩等都会影响到学校的声誉。例如,学校通过严格的课堂管理和高效的考试制度,保证教学的质量和公正性,从而赢得了社会的认可和尊重。

对于社会来说,高职院校学生管理的现实意义也是巨大的。高职院校的学生是社会的重要人才储备,他们的素质和能力直接关系到社会的发展和进步。通过有效的学生管理,能够培养出一批具有专业技能、良好品质和社会责任感的技术型人才,为社会经济的发展提供强有力的支撑。同时,良好的学生管理也有利于维护社会的和谐稳定,防止各类社会问题的发生。例如,学校通过严格的校园管理和有效的心理教育,能够避免校园暴力、学生违法犯罪等问题，保障社会的安全稳定。

随着现代科技的发展，高职院校学生管理也面临着新的挑战和机遇。信息化、智能化技术的应用，使得学生管理工作可以更加精细化、个性化和智能化，大大提高了工作效率，同时也为更好地满足学生的需求提供了可能。例如，学校可以通过建立学生信息管理系统，实现学生信息的集中管理和快速查询；通过大数据分析，对学生的学习、生活、心理等多方面的数据进行综合分析，提前预警和解决问题，实现精准管理。然而，现代科技的应用也带来了新的问题和挑战，如信息安全、隐私保护等。这就要求我们在使用现代科技进行学生管理的同时，也要充分考虑到这些问题，制定相应的策略和措施，确保学生管理的科学性和合法性。

总的来说，高职院校学生管理在现实中有着深远的意义。它关乎学生的全面发展，影响着学校的教育质量，乃至社会的和谐稳定。在未来的工作中，我们需要不断探索和实践，充分利用现代科技的优势，不断提高学生管理的水平和效果，为培养更多的高素质技能型人才作出贡献。

三、高职院校学生管理的理论基石

高职院校学生管理需要许多理论作为支撑，它并非孤立存在，而是建立在诸多既定理论的基础之上。这些理论来源于教育学、心理学、社会学、管理学、信息技术等多个学科领域，提供了全面、深入地理解学生、分析问题、解决问题的视角和工具。这些理论的精髓被融入学生管理的各个环节，从学生的个体发展，到班级的集体建设，再到学校的总体管理，都体现了这些理论的指导作用。同时，这些理论也在实践中得到了检验和发展，与学生管理的实际情况形成了良性互动。因此，可以说，高职院校学生管理是在既定理论的基础上建立、发展和完善的，这些理论为学生管理提供了坚实的理论基础和科学的方法指导。高职院校学生管理的理论基石（如图7-1所示）。

图 7-1　高职院校学生管理的理论基石

（一）教育学理论

教育学理论是高职院校学生管理的重要理论基础。它强调教育的全面发展目标，包括培养学生的知识技能、思想品德和身心健康等全面素质。

在高职学生管理中，全面发展的理念应贯穿始终。例如，不仅要关注学生的专业技能训练，还要注重他们的思想教育，通过开展各类社会实践活动，提升他们的社会责任感和团队协作能力。此外，还要关注学生的心理健康，定期开展心理辅导和心理讲座，帮助他们建立正确的人生观和价值观。

（二）心理学理论

心理学理论为学生管理提供了理解和引导学生行为的重要工具。它强调个体的发展规律和心理过程，包括学生的发展阶段、学习动机、情绪管理等方面。

在高职学生管理中，需要运用心理学理论进行个体化教育。例如，针对不同的学生特点，制定个性化的教育计划，满足他们的个性化需求。同时，还要关注学生的情绪变化，及时发现和处理学生的心理问题，如学习压力、人际关系冲突等，提供及时有效的心理支持。

（三）社会学理论

社会学理论强调社会环境、社会关系和社会文化对个体行为的影响。在高职学生管理中，需要考虑学生的社会背景，尊重他们的社会经验和社会关系。例如，可以建立良好的校企合作关系，为学生提供实习和就业的机会，帮助他们建立良好的社会关系。同时，还要注重培养学生的社会文化素养，通过举办各类文化活动，如读书会、讲座、展览等，丰富他们的社会经验，提升他们的社会文化素养。

（四）管理学理论

管理学理论为学生管理提供了有效的组织和运行机制。它强调组织目标的设定、组织结构的设计、组织文化的塑造等方面。在高职学生管理中，需要运用管理学理论进行组织设计和运营。例如，可以制定明确的组织目标和规章制度，为学生的行为设定清晰的标准和预期。同时，也需要设计合理的组织结构，确保管理的高效运行，比如通过设置不同的部门或团队，对学生管理工作进行分工与合作。此外，还要注重组织文化的塑造，通过校园活动、校园媒体、师生交流等方式，传播和弘扬积极向上、尊重多元、追求卓越的校园文化，以此激发学生的归属感和参与感。

（五）信息技术理论

信息技术理论为学生管理提供了现代化的工具和方法，它强调信息的获取、处理和应用等方面。在高职学生管理中，需要充分利用信息技术，提升管理的精确度和时效性。例如，可以利用学生信息管理系统，对学生的学习、生活、行为等信息进行集中管理，实现信息的快速获取和准确处理。同时，还可以通过数据分析，对学生的发展趋势进行预测，为决策提供依据。此外，还可以利用智能化的技术手段，如 AI 辅导、在线学习平台等，为学生提供个性化的学习和辅导服务。

第二节　高职院校招生管理

一、高职院校招生管理的功能与作用

高职院校招生管理是高职院校进行人才选拔、培养和服务的重要环节，

它对于学校的发展和社会的需求具有重要的功能和作用。

（一）选拔功能

招生管理作为学校选拔学生的主要方式，有着至关重要的作用。这个过程不仅是选拔人才的过程，更是通过选拔，传递学校的教育理念和选拔标准。例如，学校可以通过设置多元化的考试科目和评价标准，以评估学生的知识水平、学习能力、创新思维和社会实践能力等多方面的素质，从而选拔出既有知识技能，又有发展潜力的学生。这不仅有助于提升学校的教育质量，也有利于促进社会的人才选拔和分配的公平公正。

（二）引导功能

招生管理也是学校进行教育引导的重要手段。学校可以通过招生政策、招生宣传、招生咨询等方式，向社会传播学校的教育理念、教育目标、教育特色等，影响和引导学生和家长的教育观念和选择。例如，学校可以通过举办开放日、讲座、咨询会等活动，介绍学校的历史文化、专业特色、师资力量、学生发展等，帮助学生和家长了解高职教育，引导他们作出符合自身发展的教育选择。

（三）反馈功能

招生管理还是学校获取社会反馈的重要途径。通过收集和分析招生数据，学校可以了解到社会对各专业的需求变化、学生的学习兴趣和发展期望、社会对学校教育质量和声誉的评价等，为学校的教育改革和发展提供重要的信息支持。例如，学校可以通过分析近年来的招生数据，了解哪些专业的竞争更加激烈、哪些专业的需求正在增长，从而对学校的专业设置和教育资源进行调整。

（四）服务功能

招生管理也是学校服务学生和社会的重要窗口。通过提供招生咨询、报名服务、入学指导等，学校可以更好地满足学生和家长的需求，提升学校的服务质量和社会影响力。例如，学校可以设置专门的招生咨询电话和网络平台，为学生和家长提供个性化的招生咨询服务；可以通过在线报名、快速审核等方式，简化招生流程，提升服务效率。此外，入学后的导向服务也是重要的服务内容，学校可以通过新生指导、专业介绍、生活引导等方式，帮助新生尽快适应高职学院的学习生活，实现从高中生到大学生的顺利转变。

（五）规划功能

招生管理也是学校进行教育规划和资源配置的重要依据。通过对招生数据和社会需求的分析，学校可以对专业设置、课程设计、师资配置等进行合理规划和优化。例如，如果学校发现某个新兴专业的社会需求增长迅速，而学校的招生人数却无法满足这种需求，学校就可以提前规划，增加这个专业的招生名额，调整教育资源，以满足社会需求。同时，学校还可以根据招生数据，了解到学生的学习兴趣和发展期望，为学校的课程设计和教学方法提供参考，以更好地满足学生的学习需求，提升教育效果。

二、高职院校招生管理的优化路径

在当今社会，高职院校的招生管理是一项关键任务，它涉及教育资源的合理配置、学生素质的提升，以及学校未来发展的可持续性。然而，如何优化高职院校的招生管理，提升招生工作的效率和质量，一直是教育界和社会关注的焦点。接下来将从不同的角度探讨高职院校招生管理的优化路径，包括政策规划、选拔方式、宣传推广、反馈机制，以及信息技术的运用等方面，以期为高职院校招生管理的改进提供有益的参考和启示。

（一）完善招生政策

招生政策是招生管理的基石。在构建招生政策时，需要对各种相关因素进行全面考虑，包括社会需求、教育资源和学校定位等。例如，如果在分析社会需求时发现，某一新兴行业需要大量的技能型人才，但当前的招生计划中对此的关注并不足，那么就需要对招生计划进行调整，增加相关专业的招生名额，以满足社会需求。此外，也需要确保招生政策的公正性、公平性和公开性，这是保证招生活动正当性和公信力的关键。例如，可以通过公开招生标准和流程，保证每一位申请者都得到公平的评价，避免任何形式的偏见和歧视。

（二）强化宣传推广

宣传推广是提升学校和专业知名度、影响力的关键环节。在现代社会，信息传播方式多样，需要充分利用各种媒体工具，包括网络媒体、学校网站、招生宣传册等，全面、真实地展示学校的教育理念、专业特色、师资力量、就业前景等。此外，通过举办校园开放日、专业讲座、职业体验活动等活动，可以让潜在的学生和家长深入了解学校，感受学校的独特魅力，从而增强他们的入学意愿。

（三）提高选拔质量

选拔质量的提高是关乎学校教育质量和声誉的核心问题。需要建立一套全面的选拔系统，不仅要评估学生的学业水平，还要考察他们的专业兴趣、实践能力，甚至道德品质和社会责任感。例如，可以设计一套包含专业测试、面试、实践考察等多种方式的选拔流程，以全方位了解和评估申请者的综合素质。此外，还需要根据社会需求和学校定位，设定合理的选拔标准，确保选拔出的学生能够适应高职教育的要求，成为未来社会需要的高素质技能型人才。

（四）建立反馈机制

建立反馈机制是确保招生管理持续优化的关键。这要求建立一套完善的数据收集和分析系统，以便收集相关的招生数据，进行深度的数据分析，并据此不断优化招生政策。例如，可以通过招生信息系统收集和整理各种招生数据，包括申请人数、录取率、申请者的地理分布、性别比例、学科背景等。这些数据可以帮助了解招生活动的实际效果，如是否达到了预定的招生目标、是否吸引了足够多种多样化的申请者、是否有一些地区或群体的申请者被忽视或者过度关注等。

此外，还可以通过定期的招生效果评估，包括学生满意度调查、教师反馈、毕业生就业情况调查等，了解学校的教育质量和社会声誉，以此反映和优化招生工作。例如，如果发现某一专业的学生满意度较低，就需要进一步调查和分析原因，可能是该专业的课程设计存在问题，或者师资力量不足，或者实习机会不足等，然后就可以据此调整课程、增加师资或者寻找更多的实习机会，以提高学生满意度。

同时，还可以通过问卷调查、访谈等方式，了解学生和家长的需求和期望，以此调整和完善招生工作。例如，如果通过调查发现，家长们更希望学校能提供更多的就业指导和职业规划服务，那么就可以加强这方面的工作，如增设就业指导课程、邀请行业专家举办讲座、建立校企合作平台等。

（五）利用信息技术

信息技术为招生管理提供了新的工具和方法，可以极大提高招生工作的效率和效果。例如，可以建立一个招生信息管理系统，实现招生信息的集中管理和快速处理。通过这个系统，可以方便地收集和整理各种招生数据，如申请人信息、申请进度、录取结果等，从而提高工作效率，减少错误。此外，还可以利用大数据和人工智能技术，对招生数据进行深度分析和预测。例如，可以根据历年的招生数据，预测未来的申请趋势，如：申请人数的变化，各专业的申请比例，申请者的地理、背景分布等。这些预测可以帮助提前做好招生计划，合理分配招生资源，避免在招生高峰期出现处理能力不足的情况。大数据分析还可以帮助深入了解申请者的需求和行为模式。例如，可以分析申请者在填写申请表时的点击行为，了解他们在填写过程中遇到的问题和困难，从而优化申请表的设计，提高申请者的填写体验。

人工智能技术也可以在招生管理中发挥重要作用。例如，可以利用机器学习算法，自动评估申请者的资料，如学业成绩、专业测试成绩、推荐信等，从而提高选拔的效率和公正性。此外，还可以利用自然语言处理技术，自动回答申请者的咨询问题，提高服务的响应速度和质量。

第三节　高职院校就业管理

一、高职院校就业管理的功能与作用

高职院校就业管理是一项关键任务，旨在通过提供系统化、专业化的就业指导和服务，帮助学生顺利实现从校园到职场的转变。它具有多种功能和作用。高职院校就业管理的功能与作用（如图 7-2 所示）。

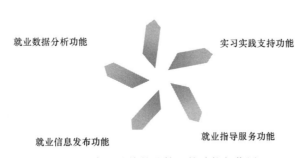

图 7-2　高职院校就业管理的功能与作用

（一）职业规划指导功能

在高职院校中，职业规划指导是一个重要的环节。它不仅帮助学生了解自我、明确目标，还在一定程度上引导学生了解行业动态和就业趋势，从而更好地做好职业规划。例如，学校可以定期邀请不同行业的专家和优秀校友来校举办讲座，分享他们的职业发展经验和行业见解，帮助学生扩宽视野，明确自我定位。同时，学校还可以组织职业生涯规划课程，教授学生如何制定合理的职业规划、培养他们的职业规划能力。

（二）实习实践支持功能

高职教育注重实践教学，因此，学校需要与各类企事业单位建立紧密的合作关系，为学生提供丰富的实习机会。例如，学校可以通过建立校企联合实训基地，让学生在企业中进行实习，直接接触和解决实际工作中的问题，从而提高他们的实践能力和就业竞争力。同时，学校还可以与企业合作，开设专业技能培训课程，使学生在校期间就能掌握一技之长。

（三）就业指导服务功能

为了提高学生的就业竞争力，高职院校的就业管理部门需要提供全方位的就业指导服务。例如，学校可以定期举办求职讲座和求职技能培训，教授学生如何撰写简历、如何面试、如何谈判薪资等。此外，学校还可以提供一对一的就业咨询服务，根据学生的个人情况，给出针对性的就业建议。

（四）就业信息发布功能

为了让学生及时了解就业市场的信息，高职院校的就业管理部门需要建立有效的信息发布渠道。例如，学校可以通过建立就业信息网站和微信公众号，发布最新的招聘信息、行业新闻、政策解读等。此外，学校还可以定期举办校园招聘会，让学生直接与用人单位接触，了解企业需求，增强就业信心。

（五）就业数据分析功能

就业数据分析是学校了解毕业生就业情况、评价教育质量的重要手段。高职院校的就业管理部门需要定期收集并分析各类就业数据，以便更好地理解学生的就业情况，并据此调整教学和就业指导策略。例如，学校可以通过毕业生就业跟踪调查，收集关于毕业生就业率、就业满意度、就业薪酬等方面的数据，这些数据可以为学校提供教学质量和学生满意度的重要反馈。就业数据分析的功能不仅在于收集和整理数据，更重要的是对这些数据进行深入研究，寻找背后的规律和趋势。例如，通过对不同专业毕业生的就业情况进行比较，学校可以了解到哪些专业的就业率较高，哪些专业的学生就业满意度较高，这些信息可以帮助学校优化专业设置，提升学生的就业满意度。

此外，就业数据分析还可以帮助学校评估其就业服务的效果。例如，学校可以通过分析参与就业指导活动的学生与未参与的学生的就业情况，了解就业指导活动对学生就业的实际影响，以此评价就业指导活动的效果，进一步完善就业服务。

二、高职院校就业管理的优化路径

随着高职院校人才培养的不断深入，就业管理也越来越重要。优化高职院校的就业管理，可以帮助毕业生更好地就业，提升高职院校的声誉和影响力。

（一）建立完善的职业规划体系

职业规划是高职院校就业管理中非常重要的一个方面，通过职业规划可以帮助学生制定个性化的职业发展目标，增强自己的职业竞争力。建立完善的职业规划体系可以为学生提供必要的职业规划辅导和指导，包括职业规划课程、职业咨询中心和与企业的合作等方式。

1. 高职院校可以开设职业规划课程，引导学生了解自己的职业定位和发展目标

该课程可以帮助学生认识自己的兴趣、优劣势、价值观等因素，并通过市场分析、职业调研等方式了解职业市场的需求和趋势，从而制定适合自己的职业发展目标。职业规划课程应该贯穿于学生的全过程，包括大一、大二、大三等各个阶段，以确保学生能够及时、全面地了解职业规划相关知识。

2. 高职院校应该建立职业咨询中心，为学生提供职业咨询、面试技巧等方面的帮助

职业咨询中心可以为学生提供个性化的职业规划指导，包括就业信息查询、职业咨询、简历制作、模拟面试等服务。职业咨询中心的建立需要具有一定的专业性和服务水平，聘请专业的职业规划师和就业辅导师为学生提供服务。高职院校还可以邀请企业 HR 等专业人士来到校园，开展职业讲座、面试辅导等活动，帮助学生提高就业竞争力。

3. 高职院校应该加强与企业的合作，了解市场需求和趋势，为学生提供更加精准的职业规划指导

高职院校可以与企业建立合作关系，开展校企联合培养项目、实习基地建设等活动，让学生深入企业，了解企业运作和实际工作环境，提高学生的职业素养和实践能力。通过与企业的合作，高职院校可以了解市场需求和趋势，为学生提供更加精准的职业规划指导。

（二）加强就业信息服务

加强就业信息服务是高职院校就业管理中非常重要的一个方面，可以帮助学生及时了解市场需求和就业动态，提高毕业生的就业质量和竞争力。为了加强就业信息服务，高职院校可以采取以下具体措施。

1. 建立专门的就业信息发布平台

高职院校可以建立专门的就业信息发布平台，为学生提供最新的招聘信息。该平台可以包括学校就业网站、微信公众号、就业信息发布栏等多种形式，让学生随时随地了解最新的招聘信息。为了确保就业信息的质量和准确性，高职院校应该加强对招聘信息的审核和筛选，避免虚假信息的发布。例如，某高职院校建立了自己的就业信息发布平台，提供最新的招聘信息、职业咨询、简历制作等服务。学生可以通过网站、微信公众号等多种渠道获取招聘信息，并进行职业规划和求职咨询。通过这种方式，学生可以及时了解市场需求和就业动态，提高自己的就业竞争力。

2. 加强与企业的联系

高职院校还应该加强与企业的联系，及时获取用人单位的招聘信息。高职院校可以与企业建立校企合作关系，开展校企联合培养项目、实习基地建设等活动，深入了解企业的用人需求和招聘流程，为学生提供更加精准的就业信息服务。例如，某高职院校与当地某大型企业建立了校企合作关系，企业通过高职院校向学生发布招聘信息，高职院校也通过企业了解到用人单位的用人需求和招聘流程，为学生提供更加精准的就业信息服务。

3. 建立学生就业档案

高职院校可以建立学生就业档案，对学生的求职信息进行记录和跟踪，为学生提供更好的就业服务。学生就业档案可以包括个人信息、求职意向、求职经历、求职进展等内容，学校可以通过学生就业档案了解学生的求职情况，并及时提供相关的帮助和支持，帮助学生提高就业竞争力。例如，某高职院校建立了学生就业档案，该校学生就业档案包括学生的基本信息、教育背景、职业规划、求职意向、求职经历、就业进展等内容。学生在校期间，职业规划指导老师会与学生沟通，了解学生的职业规划情况，并在档案中记录下来。学生在求职过程中，可以向学校提交求职意向，求职意向也会被记录在学生就业档案中。学生求职进展的每一步，如参加招聘会、投递简历、参加面试、签订就业协议等，也会被记录在学生就业档案中。学校还会定期对学生的就业档案进行评估，及时提供相关的帮助和支持，帮助学生提高就业质量和竞争力。

通过以上措施，高职院校可以加强就业信息服务，为学生提供最新、最全面的招聘信息，帮助学生及时了解市场需求和就业动态。同时，建立学生就业档案，对学生的求职信息进行记录和跟踪，为学生提供更好的就业服务，帮助学生提高就业质量和竞争力。

（三）建立行业导师制度

行业导师制度是高职院校建立与企业联系的一种有效方式，可以帮助学生更好地了解企业的运作和实际工作环境,提高职业素养和实践能力。同时,行业导师还可以为学生提供职业发展方向的指导和建议,帮助学生更好地规划职业生涯,提高毕业生的就业竞争力。具体来说,高职院校可以通过以下方式建立行业导师制度。

1. 与企业合作,邀请企业中的专业人士作为导师

高职院校可以与企业合作,邀请企业中的专业人士作为导师。导师可以是企业中的经理、高级工程师、技术专家等,具有丰富的实践经验和专业知识,可以为学生提供宝贵的职业指导和帮助。例如,某高职院校与当地某大型制造企业合作,邀请该企业中的经理作为导师,为学生提供职业指导和帮助。导师不仅可以为学生提供专业的技术指导,还可以为学生提供宝贵的职业发展建议,帮助学生更好地规划职业生涯。

2. 为导师和学生提供必要的培训和支持

为了确保行业导师制度的顺利实施,高职院校需要为导师和学生提供必要的培训和支持。例如,可以开展导师培训,为导师提供指导学生的方法和技巧。同时,学校还可以为学生提供职业规划和求职技能的培训,提高学生的职业素养和实践能力。例如,某高职院校为行业导师和学生提供了必要的培训和支持。学校开展了导师培训,为导师提供指导学生的方法和技巧。学校还为学生提供了职业规划和求职技能的培训,提高学生的职业素养和实践能力。通过这种方式,学校能够保证行业导师制度的顺利实施,为学生提供更好的就业服务。

3. 建立行业导师与学生的沟通机制

为了确保行业导师制度的有效实施,高职院校需要建立行业导师与学生的沟通机制。学校可以为导师和学生提供一定的沟通时间和场所,让导师与学生进行面对面的交流和指导。同时,学校还可以建立行业导师与学生的在线交流平台,让导师和学生可以通过网络进行交流和指导。例如,某高职院校建立了行业导师与学生的沟通机制。学校为导师和学生提供了一定的沟通时间和场所,让导师与学生进行面对面的交流和指导。同时,学校还建立了

在线交流平台,让导师和学生可以通过网络进行交流和指导。通过这种方式,学校能够保证行业导师制度的有效实施,让导师与学生能够及时沟通和交流。行业导师制度是高职院校建立与企业联系的一种有效方式,可以帮助学生更好地了解企业的运作和实际工作环境,提高职业素养和实践能力。同时,行业导师还可以为学生提供职业发展方向的指导和建议,帮助学生更好地规划职业生涯,提高毕业生的就业竞争力。

（四）拓宽就业渠道

拓宽就业渠道是高职院校提高毕业生就业质量的重要举措之一。通过多种渠道拓宽就业渠道,可以为毕业生提供更多的就业机会,提高毕业生的就业竞争力。具体来说,高职院校可以采取以下措施。

1. 加强校企合作,开展实践基地和联合培养项目

高职院校可以与企业建立紧密的联系,开展校企合作项目,拓宽毕业生的就业渠道。例如,学校可以与企业合作开设实训基地,为学生提供实践机会;与企业合作开展联合培养项目,为学生提供更多的实习和就业机会。某高职院校与当地某大型企业合作开设了实训基地,为学生提供实践机会。该实训基地提供了实际操作的机会,让学生了解企业的运作和实际工作环境,提高了学生的职业素养和实践能力。同时,该校还与另一家企业合作开展联合培养项目,为学生提供更多的实习和就业机会。通过这种方式,学校为学生拓宽了就业渠道,提高了毕业生的就业竞争力。

2. 开展校园招聘会和就业洽谈会等活动

高职院校还可以积极拓展校内外就业渠道,如开展校园招聘会、与其他高校合作举办就业洽谈会等。这些活动为毕业生提供了广泛的就业选择,帮助学生更好地了解用人单位的需求,找到适合自己的工作岗位。例如,某高职院校每年都会组织校园招聘会和就业洽谈会等活动,为毕业生提供广泛的就业选择。这些活动吸引了许多用人单位的参与,让毕业生了解用人单位的需求和要求。同时,学校还与其他高校合作,举办就业洽谈会等活动,为学

生提供更多的就业机会。通过这些活动，学校能够为毕业生拓宽就业渠道，提高毕业生的就业质量和竞争力。

3. 建立毕业生就业信息库

高职院校还可以建立毕业生就业信息库，收集和整理毕业生的就业信息，并提供给用人单位，让用人单位更加便捷地找到符合自身需求的人才。同时，学校还可以通过就业信息库分析就业市场的变化和趋势，为学生提供更加精准的就业指导和服务。例如，某高职院校建立了毕业生就业信息库，收集和整理毕业生的就业信息，并提供给用人单位。该信息库包括毕业生的个人信息、专业技能、工作经历等内容，让用人单位更加便捷地找到符合自身需求的人才。同时，学校还通过就业信息库分析就业市场的变化和趋势，为学生提供更加精准的就业指导和服务。通过这种方式，学校可以帮助毕业生更好地了解就业市场，找到符合自身需求的工作岗位，提高毕业生的就业竞争力。

4. 开展创业孵化项目

高职院校还可以开展创业孵化项目，为有创业意向的毕业生提供创业支持和帮助。例如，学校可以与当地的创业孵化机构合作，为毕业生提供创业培训、创业咨询等服务，帮助毕业生实现创业梦想。某高职院校开展了创业孵化项目，为有创业意向的毕业生提供创业支持和帮助。该校与当地的创业孵化机构合作，为毕业生提供创业培训、创业咨询等服务。学校还提供了创业孵化基地，为学生提供创业场地和资源支持。通过这种方式，学校可以帮助有创业意向的毕业生实现创业梦想，提高毕业生的就业竞争力。

总之，拓宽就业渠道是高职院校提高毕业生就业质量的重要举措。通过与企业合作、开展校园招聘会和就业洽谈会等活动、建立毕业生就业信息库、开展创业孵化项目等方式，高职院校可以为毕业生提供更多的就业机会，提高毕业生的就业竞争力和就业质量。

（五）加强就业服务

高职院校应该加强就业服务，为毕业生提供全方位的就业指导和帮助。

具体而言，高职院校应该建立完善的就业指导体系，包括就业指导中心、就业信息发布平台、职业规划指导等，为毕业生提供个性化的就业服务。同时，高职院校还应该注重毕业生的就业跟踪服务，了解毕业生的就业情况，及时提供相关的帮助和支持。

1. 开设职业素养课程

职业素养是指在工作和职业生涯中所必需的基本素质和技能，包括沟通能力、团队协作能力、自我管理能力等。高职院校可以开设职业素养课程，为学生提供职业素养方面的培训和指导，帮助学生提高职场竞争力。某高职院校开设了职场礼仪、人际交往、团队协作等课程，为学生提供了全面的职业素养培训。

2. 提供职业咨询服务

高职院校可以建立职业咨询中心，为学生提供职业咨询、面试技巧等方面的帮助。某高职院校建立了职业咨询中心，为学生提供职业咨询和面试技巧指导，帮助学生更好地了解职业市场需求，提高就业竞争力。

3. 加强与企业的合作

高职院校应该与企业建立更紧密的联系，加强与用人单位的沟通，了解用人单位的用人需求，为毕业生提供更多的实习和就业机会。某高职院校与当地某大型企业合作，开展了一系列校企合作项目，为学生提供更多的实习和就业机会，提高了学生的实践能力和职业竞争力。

4. 开展就业技能培训

高职院校可以针对不同专业开展就业技能培训，帮助学生掌握实际工作所需的技能和知识，提高就业能力。某高职院校针对酒店管理专业开展了餐饮技能培训，帮助学生提高实际操作技能，提高毕业生的就业竞争力。

5. 建立校友资源库

高职院校可以建立校友资源库，收集毕业生的联系信息和就业情况，并与校友保持联系，了解他们在职场的发展情况，为学生提供职业发展方向的参考和借鉴。某高职院校建立了校友资源库，收集毕业生的联系信息和就业情况，并邀请校友回校分享职场经验和职业发展心得，为学生提供了重要的职业指导和启示。

6. 推广创业教育

除了就业外，创业也是一种就业选择。高职院校可以推广创业教育，培养学生的创业意识和创业能力，为他们提供创业的机会和平台。某高职院校开设了创业课程，组织学生参加各类创业比赛和活动，鼓励学生自主创业，提高学生的职业素养和创业竞争力。

第四节　高职院校学生心理健康管理

一、高职院校学生心理健康管理的功能与作用

随着社会的快速发展和高等教育的普及，高职院校的教育模式和课程设置越来越多样化，为学生提供了更多的学习机会和知识技能。然而，随着学习负担的增加、社交压力的加大，以及就业形势的不确定性等问题的出现，高职院校学生心理健康问题也越来越突出。因此，高职院校学生心理健康管理就显得尤为重要。

（一）预防心理问题的发生

高职院校学生心理健康管理的主要功能之一是预防心理问题的发生。通过心理教育、心理咨询、心理辅导等方式，提高学生的心理素质和应对能力，加强对常见心理问题的认知和预防，避免一些心理问题的发生和扩大化。

（二）及时发现和干预心理问题

高职院校学生心理健康管理的另一个功能是及时发现和干预心理问题。

通过心理咨询、心理测试、心理测量等方式，了解学生的心理状况和心理问题，及时发现潜在的心理问题，并进行针对性的干预和治疗，避免心理问题的恶化和加重。

（三）提供心理支持和安全保障

高职院校学生心理健康管理的第三个功能是提供心理支持和安全保障。通过心理咨询、心理辅导、心理危机干预等方式，为学生提供必要的心理支持和帮助，减轻学生的心理负担和疲劳，为学生创造一个良好的心理环境和氛围，保障学生的心理安全。

（四）促进学生身心健康发展

高职院校学生心理健康管理的第一个作用是促进学生身心健康发展。通过心理教育、心理咨询、心理辅导等方式，为学生提供个性化的心理服务，提高学生的心理素质和应对能力，促进学生身心健康的全面发展。

（五）提高学生学习和创新能力

高职院校学生心理健康管理的第二个作用是提高学生学习和创新能力。心理健康问题会影响学生的学习和创新能力，而高职院校学生心理健康管理的提供的心理支持和心理辅导，能够减轻学生的压力和焦虑，提高学生的自信心和动力，促进学生的学习和创新能力的发挥。

（六）促进学生成长和发展

高职院校学生心理健康管理的第三个作用是促进学生成长和发展。通过心理教育和心理咨询，可以帮助学生更好地认识自己、探索自己、认识社会和世界，从而促进学生成长和发展。高职院校学生心理健康管理也可以帮助学生建立健康的人际关系、调适心态、拓展思维等，促进学生全面发展。

（七）提高学生的就业竞争力

高职院校学生心理健康管理的第四个作用是提高学生的就业竞争力。心理健康问题是影响就业的重要因素之一，而高职院校学生心理健康管理的提供的职业规划指导、心理辅导、心理测量等服务，可以帮助学生更好地规划职业生涯，了解自己的职业定位和发展方向，提高学生的就业竞争力。

二、高职院校学生心理健康管理的优化路径

高等职业学校作为职业教育的重要组成部分，肩负着培养适应社会发展需求的技能型人才的重要任务。然而，随着高职学生人数的急剧增加，学生心理健康问题也日益凸显。因此，高职学生的心理健康问题值得提起高度的关注，对高职院校学生心理健康管理的优化路径进行研究，对于提高学生的心理素质，降低心理健康问题的发生率，具有重要的现实意义。

（一）优化心理健康教育课程

心理健康教育课程是高职院校学生心理健康教育的主要途径，但其潜力远未被充分挖掘。优化课程的关键在于将课程内容和形式与学生的实际需求和兴趣相结合，这样才能真正提升学生的心理素质。

关于课程内容的优化，应从满足学生的实际需求出发。以学生常遇到的问题为切入点，如应对压力、人际关系处理、情绪调节等，将这些问题具体化、实用化。例如，对于压力管理，可以教授学生如何识别和评估压力源，如何利用放松技术、时间管理和问题解决技巧等方法来应对压力。对于人际关系处理，可以教授学生有效的沟通技巧，如倾听、表达、反馈等，帮助他们建立健康的人际关系。

课程形式的优化应以提高学生的学习兴趣和参与度为目标。传统的讲授

方式往往容易使学生感到枯燥，不能激发他们的学习兴趣。因此，应尝试采用更为多样化和互动化的教学形式。例如，讲座可以邀请专业心理咨询师来分享他们的经验和见解，使学生能从专业的角度理解心理健康问题。研讨方式可以让学生围绕一个主题进行小组讨论，通过交流和讨论，提高他们的思考和解决问题的能力。角色扮演和情景模拟可以让学生更加直观地理解和体验心理健康问题，例如，通过模拟冲突情境，学生可以在实践中学习和应用冲突解决技巧。

通过优化课程内容和形式，使其更符合学生的实际需求和兴趣，可以有效提升高职院校学生的心理素质，促进他们的心理健康。

（二）建立有效的心理健康服务体系

建立一个有效的心理健康服务体系对于高职院校学生的心理健康管理至关重要。这个体系应包括定期的心理健康测评、心理咨询服务、心理健康教育活动等。

定期进行心理健康测评是发现并解决学生心理问题的重要手段。学校可以使用科学的心理测试工具，如焦虑自评量表、抑郁自评量表等，每学期或每学年对学生进行一次心理健康测评。这不仅可以帮助学校及时发现学生的心理问题，为后续的心理干预提供依据，同时也可以让学生自我反思，了解自己的心理状况，增强自我调适能力。例如，如果测评结果显示一名学生存在严重的考试焦虑，那么学校就应尽早进行干预，如提供专门的心理咨询或组织应对考试焦虑的讲座。

心理咨询服务是支持学生解决心理问题的重要途径。学校应设立心理咨询室，配备专业的心理咨询师，为学生提供一对一的咨询服务。在咨询过程中，心理咨询师不仅可以帮助学生理解和解决他们的心理问题，还可以指导他们学习有效的心理自我调适技巧。例如，如果一名学生因为人际关系问题而烦恼，心理咨询师就可以通过咨询帮助他理解问题的本质，学习有效的人际沟通技巧。

（三）加强师资队伍建设

专业的心理健康教师是心理健康教育的主要执行者,他们的专业素质和教育能力直接影响到心理健康教育的质量。因此,高职院校应当重视并加大对心理健康教师的培训力度,提高他们的专业素质。具体来说,一方面,学校应当通过组织专业培训,使心理健康教师不断更新知识、提高业务水平。比如,学校可以定期邀请心理学专家、心理咨询师等来校进行专题讲座,让教师们了解最新的心理健康理论和实践技巧。同时,也可以组织教师们参观先进的心理健康教育机构,如心理咨询中心、心理疗养院等,了解他们的工作模式和方法。另一方面,学校应当通过研讨交流、参加心理健康教育相关会议等方式,创造机会让教师们与行业内的其他专业人士进行交流,从而获取新的知识和灵感。比如,学校可以定期组织心理健康教育研讨会,让教师们分享他们的教学经验和案例,互相学习。也可以鼓励和支持教师们参加国内外的心理健康教育研讨会或者会议,与其他专业人士进行交流。

此外,加强对心理健康教师的职业激励也十分重要。学校应当重视教师们在工作中的创新和努力,通过物质和精神上的奖励,鼓励他们提高教育质量。例如,学校可以设立"优秀心理健康教育教师"这样的荣誉称号,对教学成果显著的教师进行表彰。同时,学校还可以提供研究经费支持,鼓励教师们进行心理健康教育的科研活动。

总之,加强师资队伍建设,提高心理健康教师的专业素质,是优化高职院校学生心理健康管理的重要途径。只有当教师们具备足够的专业素养,才能更有效地识别学生的心理问题,提供合适的帮助和引导。

（四）强化家校合作

家庭环境对学生心理健康的影响是深远的,学生在家中度过的时间远多于在学校的时间,因此,家庭的教育方式、家庭氛围,以及父母的行为态度等都会对学生的心理健康产生重要影响。这就需要高职院校与家长建立紧密的联系，共同关注和培养学生的心理健康。

高职院校可以通过多种方式加强与家长的沟通与合作。例如，可以定期举办家长开放日，邀请家长来校参观，让他们了解学生在校的学习和生活情况，及时发现和解决学生的心理问题。这样，家长可以更全面地了解学生在校的情况，更好地理解和支持学生的学习和生活。学校还可以通过家长讲座、家长培训等方式，提升家长的心理健康教育意识和能力。在这些活动中，学校可以请专业的心理健康教育教师或心理咨询师来给家长做讲座，教授他们如何关注和引导孩子的心理健康、如何与孩子进行有效的沟通、如何处理孩子的心理问题等。

举例而言，学校可以组织一个主题为"如何处理孩子的学习压力"的家长讲座。在讲座中，专家可以向家长解释学习压力的产生原因，介绍如何正确理解和处理学习压力，提供一些实用的应对策略等。通过这样的讲座，家长可以更全面深入地了解学习压力，更有效地帮助孩子应对学习压力，促进孩子的心理健康。

（五）营造良好的校园环境

学校环境不仅包括物质环境，更包括学校的制度、文化和社交环境。这些因素共同构成了学生的校园生活，对于高职院校学生群体的心理健康产生着深远的影响。

需要从制度层面优化校园环境。学校应制定完善的心理健康教育制度，明确心理健康教育的目标、内容、方法和评估标准，保证心理健康教育的系统性和连续性。同时，学校应建立健全的心理危机干预和管理制度，确保在学生出现心理危机时能够及时、有效地进行干预。例如，学校可以设立心理咨询室，配备专业的心理咨询师，为学生提供心理咨询和心理治疗服务。

需要从文化层面营造良好的校园环境。学校应通过各种方式，弘扬关注心理健康的校园文化，让学生感到学校是一个关心他们的心理健康、尊重他们个体差异的地方。例如，学校可以定期举办心理健康主题的讲座、展览和活动，引导学生正确认识和关注自己的心理健康。

需要从空间层面优化校园环境。学校应提供一个舒适、安静、有利于学习和成长的环境，满足学生的基本生活和学习需要。例如，学校可以设立一些安静的自习区和休息区，为学生提供一个适合学习和思考的空间。同时，学校也可以设立一些开放的活动区，如运动场、娱乐室等，为学生提供一个放松身心、释放压力的空间。

第五节　高职院校学生档案管理

一、高职院校学生档案管理的主要内容

学生档案管理是一项至关重要的工作。它涵盖了学生的学籍信息、学习成绩、行为表现、实习实训记录、健康信息，以及毕业去向等多个方面的信息记录和管理。这些信息是了解和评价学生全面发展状况的重要依据，也是学校进行教学管理、学生服务、质量评估等工作的重要数据支持。学生档案管理的准确性、完整性和及时性直接影响到学校工作的有效性和高质量发展。因此，高职院校需要高度重视学生档案管理工作，建立健全相关制度，提升管理能力和水平，确保学生档案信息的质量和安全。同时，也需要在遵守相关法律法规、尊重和保护学生隐私权的前提下，合理使用和共享学生档案信息，提升教育教学和服务的效果。

（一）学籍信息管理

学籍信息管理涵盖了学生的基本信息和学籍信息。这些信息的准确性和及时性对于学校的教学管理、学生服务、数据分析等方面都有着重要的作用。

在学生的基本信息管理中，学校会详细记录学生的个人信息，包括姓名、性别、出生日期、民族、政治面貌、家庭背景等。例如，学生的性别和出生

日期可以帮助学校了解学生的年龄结构和性别比例,而民族和政治面貌的信息则可以帮助学校了解学生的多元化特征。此外,家庭背景信息,如家庭地址、父母职业等,可以帮助学校更好地理解学生的成长环境和可能的教育需求。

在学籍信息管理中,学校会记录学生的入学时间、专业、班级、毕业时间等信息。例如,入学时间和毕业时间可以帮助学校跟踪学生的学习进程和完成情况,专业信息则可以帮助学校了解每个专业的学生数量和专业的发展趋势。班级信息则是学生在校园内的基本社群单位,对于日常的教学管理和学生服务都有重要意义。

这些信息需要定期更新,以确保准确无误。例如,每学期开始时,学校会更新学生的班级和专业信息,每年则会更新学生的年级和入学时间等信息。同时,学生的个人信息,如家庭地址、政治面貌等,也需要在有变动时及时更新。

(二)学习成绩管理

学习成绩管理涵盖了学生的各类学习成绩信息。

这包括学生的课程成绩,比如平时成绩、期中考试成绩和期末考试成绩,这些成绩记录了学生在每一门课程中的学习情况和掌握程度,反映了学生的学习能力和知识掌握水平。

还包括学生的考试成绩,这不仅包括学校的内部考试,也包括学生参加的各种校外考试,如英语四六级考试、计算机等级考试、职业技能等级考试等,这些考试成绩是衡量学生专业技能和综合素质的重要指标。

对于即将毕业的学生,毕业设计(论文)成绩也是一个重要的部分。毕业设计(论文)是学生在学校学习期间的一个重要环节,它是学生综合运用所学知识解决实际问题的重要体现,其成绩反映了学生的独立思考能力、问题解决能力和创新能力。

以上各类成绩信息,为学校评估学生的学习表现,确定奖学金发放,以及为学生提供就业推荐等提供了重要的依据。比如，对于成绩优异的学生，学校可以根据其学习成绩给予奖学金奖励，同时也可以优先推荐他们到优质的实习和就业单位。因此，高职院校需要对学习成绩管理工作给予足够的重视，确保各类成绩信息的准确性、及时性和完整性。

（三）行为表现管理

行为表现管理详细记录了学生在校期间的各种行为表现，这对于全面了解和评价学生的综合素质具有重要的意义。

行为表现管理包括了学生的纪律处分情况。比如，如果学生违反了校规校纪，会接受相应的处分，这些都会被详细记录下来。纪律处分不仅是对学生不良行为的惩戒，更是一种教育，帮助学生认识错误，改正行为，提高自身素质。

行为表现管理还包括了学生的奖励情况。包括学业成绩优异、科研创新、文体比赛、社会活动等各方面的奖励，这些都是对学生优秀表现的肯定和鼓励，也能激励其他学生学习先进，努力进步。

行为表现管理还包括了学生的社团活动参与情况和学生干部任职情况。社团活动可以帮助学生开阔视野，提高社会实践能力，而学生干部任职则可以锻炼学生的领导能力和组织协调能力。这些信息对于评价学生的综合素质、成长变化和社会实践能力都有重要意义。

总的来说，行为表现管理记录了学生在学习之外的各种表现，这些都是衡量学生综合素质的重要因素。因此，高职院校需要对行为表现管理工作给予足够的重视，确保各类信息的准确性、及时性和完整性。

（四）实习实训记录管理

对于高职院校来说，实习实训是学生职业素养和技能得以实践和提升的重要环节，因此，实习实训记录管理在学生档案管理中起着至关重要的作用。

实习实训记录管理涵盖了学生的实习单位信息。这包括实习单位的名称、性质、规模、所在地等，可以反映出学生选择实习的行业方向和职业趋势，同时也有助于学校了解各行业对人才的需求情况，指导学生职业生涯规划。

实习岗位的信息也是实习实训记录的重要内容。具体的岗位名称、岗位职责、岗位要求等信息，不仅能够反映学生的专业技能应用情况，也能够帮助学校评估教学内容是否与实际工作需求相符合。

实习实训的时间长度、具体日期等也会被详细记录。这些信息可以帮助学校掌握学生实习实训的整体进度和周期规律，为优化实习实训安排提供参考。

学生在实习实训中的表现是重要的评价指标。包括工作态度、专业技能运用、问题解决能力、团队协作精神等各方面的评价，这些信息用于评价学生的实践能力，以及指导学生未来就业具有极其重要的价值。

（五）健康信息管理

学生的健康信息管理涉及学生的体检记录、疾病史、特殊健康需求等信息的记录和管理。这些信息对于维护学生的身心健康，满足特殊教育需求，乃至于优化教学过程、实现个性化教育具有十分重要的作用。

学生的体检记录是健康信息管理的基础。这包括学生入学体检、定期体检，以及特殊情况下的体检结果。体检记录可以全面反映学生的身体状况，包括视力、听力、身体机能等各方面的信息，对于发现学生的健康问题，制定相应的健康保障措施具有重要意义。

学生的疾病史信息也是重要的组成部分。这包括学生过去的疾病经历、家族疾病史等。这些信息对于预防疾病的发生，维护学生的健康，以及在教学过程中考虑到学生的特殊需求有着重要的作用。

此外，特殊健康需求的信息也需要详细记录。如学生的食物过敏情况、特殊药物需求等。这些信息对于学校在日常管理中关注学生的特殊需求，避免可能的健康风险具有重要的指导作用。

（六）毕业去向管理

毕业去向管理涵盖了学生的就业情况、升学情况、创业情况等信息。这些信息对于学校深入了解毕业生的发展状况，提供定制化的就业指导和服务，以及进行学校对外宣传等方面具有显著作用。

对于学生的就业情况，学校会记录学生的就业单位、岗位名称、岗位性质、就业地区等信息。通过这些数据，学校能够深入了解学生的就业状况，为学生提供更具针对性的就业指导服务，如就业咨询、职业规划、职业技能培训等。

升学情况的记录则包括了学生升学的院校、专业、研究方向等信息。这些信息能帮助学校分析学生的升学趋势，以便提供更加精准的升学咨询和辅导服务，如升学指导、考研辅导等。

对于那些选择创业的学生，学校会记录他们的创业项目、创业公司、融资情况等信息。这些信息对于学校了解学生的创业情况，为学生提供创业指导和支持，以及推动校内创业氛围的营造都具有重要的参考价值。

毕业去向管理不仅是学校了解毕业生发展情况的重要手段，也是学校为学生提供持续服务、推动学生发展、提升学校影响力的重要工具。

二、高职院校学生档案管理的优化路径

随着科技的不断进步，高职院校的学生档案管理方式也正在发生深刻的变化。传统的纸质档案管理方式，已经无法满足现代社会对信息快速、准确获取的需求。同时，档案管理工作的繁杂性和复杂性，更加凸显了优化档案管理路径的重要性。档案管理优化路径的选择和设计，无疑成了推动高职院校信息化建设，提高教学和管理效率的重要一环。

（一）数字化和电子化

数字化和电子化是优化高职院校学生档案管理的首要步骤。采用电子化

方式存储档案，不仅可以大大减少纸质档案所占的空间，而且能够有效提高工作效率。以前，需要在海量的纸质档案中寻找特定的信息，而现在，只需要在电脑上输入关键词，就可以快速定位到相关信息。此外，数字化和电子化的档案可以轻松进行数据分析，以支持决策制定。比如，学校可以根据电子档案中的数据，分析学生的成绩趋势，进而制定更有效的教学计划。最后，数字化和电子化的档案提供了更好的数据保护，可以防止因自然灾害或人为破坏导致的纸质文档的损坏和丢失。

（二）标准化和规范化

标准化和规范化是提高档案管理质量和效率的重要手段。需要建立一套标准化的档案管理流程，明确各个环节的责任和工作内容。比如，可以设立专门的档案接收、整理、储存、借阅、归还等环节，每个环节都有明确的操作规程和责任人。在档案的收集和整理环节，应该确保所有的信息都被准确地记录和保存，不遗漏任何重要的数据。在档案的储存环节，应该确保所有的档案都被妥善保管，避免任何可能导致档案损坏或丢失的情况。在档案的借阅和归还环节，应该设立严格的审批流程，防止未经授权的人员接触到敏感的档案信息。

（三）人员培训和教育

优质的人员是高效的档案管理的关键。因此，需要对档案管理人员进行定期的培训和教育，让他们了解并掌握最新的档案管理理论和技术。培训内容可以包括档案管理的基本原理、档案管理系统的操作方法、数据分析技巧、信息安全知识等。比如，可以定期组织关于电子档案管理系统的操作培训，让档案管理人员了解如何使用这个系统来高效地管理档案。同时，也可以定期组织关于数据分析的培训，让档案管理人员了解如何利用档案中的数据进行有效的分析，以支持学校的决策制定。此外，信息安全知识的培训也是必不可少的，以确保所有的档案信息都能得到充分的保护。

（四）完善的检索系统

一个完善的档案检索系统是提高档案查找效率的关键。需要建立一个功能强大、易于使用的档案检索系统，以满足不同人员的查询需求。检索系统需要具有强大的搜索功能，能够根据关键词快速定位到相关的档案信息。比如，可以输入学生的姓名、学号、专业等信息，就可以快速找到该学生的所有档案信息。检索系统还需要具有分类检索的功能，能够根据不同的分类标准进行检索，比如按照年级、班级、成绩等进行检索。检索系统需要具有用户友好的界面，使得所有的用户都能够方便地使用。

（五）保障学生档案的隐私

在档案管理过程中，保护学生的个人信息是至关重要的。需要在收集、储存、使用和分享学生档案信息的过程中，充分考虑到学生的隐私权。需要在收集档案信息时，明确告知学生收集的目的和用途，并获取学生的同意。需要在储存档案信息时，采取必要的安全措施，防止信息的泄露。比如，可以对敏感的档案信息进行加密处理，只有得到授权的人员才能查看。需要在使用和分享档案信息时，严格遵守相关的法律法规，不得无故泄露学生的私人信息。

（六）定期审查和更新

档案信息的准确性和完整性是档案管理的重要原则。因此，需要定期对档案进行审查和更新。在审查过程中，需要检查档案信息是否完整、准确、及时。如果发现任何错误或遗漏，需要及时进行更正和补充。在更新过程中，需要及时将最新的信息添加到档案中，保证档案的时效性。比如，每学期结束后，就需要将学生的成绩信息更新到档案中。

（七）建立备份机制

对于电子档案，建立备份机制是防止数据丢失或损坏的重要措施。可以设置定期自动备份，将所有的档案信息备份到安全的存储设备或云端服务器中。在设计备份机制时，需要考虑到备份的频率、备份的内容、备份的存储位置等因素。比如，可以每天进行一次全量备份，每小时进行一次增量备份，以确保最新的档案信息都能被备份。此外，还需要设立备份的检查机制，定期检查备份是否成功，备份的数据是否完整。在遇到数据丢失或损坏的情况时，可以快速恢复备份，避免重要信息的丢失。

第八章 高职院校信息化教学管理

第一节 信息化教学管理的相关概念

一、信息化教学管理的内涵与特点

信息化技术的快速发展和广泛应用，对教育产生了深远的影响。信息化教学管理作为信息化教学的重要组成部分，涵盖了多个方面的内容。信息化教学管理旨在运用信息技术手段，提高教育教学的质量和效率，促进学生的全面发展。

（一）信息化

信息化是指通过现代信息技术，如计算机技术、网络技术、通信技术等，对社会的各个领域进行深度融合和转型，以实现信息资源的高效利用和信息服务的全面提供。其目标是提高社会经济、科技、教育、政务等领域的工作效率，提升管理水平，优化服务质量，最终推动社会的科技进步和经济发展。

信息化强调的是信息的获取、处理、存储、传递和使用的过程，是信息时代的一种基本特征。在信息化的过程中，信息技术被广泛应用于生产、管理、服务等各个领域，将传统的工作方式转变为以信息为核心的新型工作方式。这种转变使得信息资源的利用效率大大提高，信息服务的范围和质量也得到了显著提升。例如，教育信息化是通过信息技术和网络平台，实现教育资源的共享，提升教学效果，促进教育公平。在企业管理中，信息化可以实现业务流程的自动化，提高管理效率，降低运营成本。在政务服务中，信息化可以提供便捷、高效、透明的公共服务，增强政府公信力。

然而，信息化的推进也面临着一些挑战，如信息安全、数字鸿沟、隐私保护等问题。因此，信息化的推进需要在技术推广的同时，注重法规建设和道德引导，以实现信息化和社会化的有机结合。

总的来说，信息化是一个深度改变社会运行方式和生活方式的全面进程，它以信息技术为基础，以信息资源为核心，推动了社会各领域的革新和发展。

（二）信息化教学管理的内涵

信息化教学管理是指利用现代信息技术手段，对教学过程中的各个环节进行集成、优化和管理，从而提高教学质量和效率。在这个过程中，教学资源、教学活动、教学评估、教学管理等各个环节都可以得到有效的整合和优化。

1. 教学资源的信息化管理

信息化教学管理首先体现在教学资源的管理上。通过建立数字化资源库，将教材、课件、教案、习题、案例等教学资源进行电子化处理，使其可以在网络上进行存储、检索和共享。这种方式不仅大大提高了教学资源的利用效率，而且打破了时间和空间的限制，使学生可以随时随地进行学习。同时，信息化的资源管理还可以实现资源的动态更新，及时反映教学内容的最新变化。

2. 教学活动的信息化管理

信息化教学管理还体现在教学活动的管理上。通过网络平台，可以实现线上授课、在线讨论、远程实验、虚拟仿真等多种教学活动。这种方式可以拓宽教学手段，丰富教学形式，增强学生的学习体验。同时，通过对学生的学习行为进行数据采集和分析，可以了解学生的学习情况，提供个性化的教学支持。

3. 教学评估的信息化管理

信息化教学管理还体现在教学评估的管理上。通过在线考试、自动评分、智能分析等方式，可以实现教学效果的实时评估和精确反馈。这种方式不仅可以减少教师的工作负担，而且可以提高评估的公正性和准确性。同时，通过对评估数据的深度挖掘，可以发现教学问题，优化教学策略。

4. 教学管理的信息化管理

信息化教学管理还体现在教学管理的管理上。通过建立教务管理系统，可以实现课程安排、选课管理、成绩管理、档案管理等多个环节的自动化处理。这种方式不仅可以提高管理效率，而且可以提高管理的透明度和公正性。同时，通过对管理数据的分析，可以优化管理决策，提升管理效果。

总的来说，信息化教学管理是一种新型的教学管理模式，它利用信息技术手段，实现教学资源、教学活动、教学评估、教学管理等各个环节的整合和优化。通过信息化教学管理，可以提高教学质量和效率，为学生提供更加便捷、个性化的教育服务。

（三）信息化教学管理的特点

信息化教学管理包含效率性、灵活性、实时性、公平性、数据驱动、安全性和隐私性、人性化、可持续性等特点。

1. 效率性

信息化教学管理使用现代信息技术，如云计算、大数据等，能够大幅度提高教学管理的效率。例如，教务管理系统可以自动处理课程安排、成绩管理等繁琐的任务，从而为教师和管理员节省大量的时间和精力。同时，通过数字化的教学资源管理，可以实现教学资源的快速检索和共享，提高教学资源的利用效率。

2. 灵活性

信息化教学管理打破了传统教学的时间和空间限制，提供了更多的教学可能性。教师和学生可以通过在线教学平台进行异地、异步的教学活动，提供了更多的学习选择和机会。同时，通过个性化的学习路径设计，可以满足不同学生的学习需求和兴趣，实现真正的个性化教学。

3. 实时性

信息化教学管理可以实现教学过程的实时监控和反馈。通过学习管理系统，教师可以实时了解学生的学习进度和学习情况，及时调整教学策略和方法。同时，通过在线评估和自动评分系统，可以实时反馈学生的学习效果，为学生提供及时的学习支持。

4. 公平性

信息化教学管理有助于实现教育公平。通过网络教育资源的共享，可以使所有学生都有机会接触到优质的教学资源，打破地域和社会条件的限制。同时，通过个性化的学习路径设计和智能化的学习支持，可以满足不同学生的学习需求，减少学习差距。

5. 数据驱动

信息化教学管理强调数据的采集、分析和应用。通过对学生的学习行为、学习成果的数据采集和分析，可以生成深入的学习分析报告，为教学决策提供数据支持。同时，通过对教学数据的深度挖掘，可以发现教学问题，优化教学策略，提高教学质量。

6. 安全性和隐私性

随着信息化教学管理的深入，学生的个人信息和学习数据的安全和隐私保护变得越来越重要。教学管理系统需要有严格的数据安全措施，如数据加密、用户权限管理等，以防止数据泄露或被恶意利用。同时，学校需要制定相应的隐私政策，明确规定数据的收集、存储、使用和分享的规则，尊重和保护学生的隐私权。

7. 人性化

信息化教学管理注重以人为本，以学生的学习需求和教师的教学需求为出发点，设计和优化教学管理系统。例如，系统界面需要简洁明了，操作流程需要简单易用，以方便用户使用。同时，系统需要提供多种交互方式和个性化设置，满足用户的个性化需求。

8. 可持续性

信息化教学管理强调可持续发展，需要不断适应教育和技术的发展趋势，进行持续的更新和优化。这包括教学资源的更新、教学方法的创新、教学技术的应用等。同时，学校需要定期对系统进行维护和升级，以保证系统的稳定运行和高效性能。

二、信息化教学管理的技术支撑体系

信息化教学管理的技术支撑体系是指一系列信息技术、系统和工具，以及相关的硬件、软件和网络基础设施，共同支撑信息化教学管理的实施和发展。以下是信息化教学管理技术支撑体系的几个主要组成部分。

（一）硬件设备

硬件设备是信息化教学管理技术支撑体系的基础，包括计算机、服务器、存储设备、网络设备、终端设备（如平板电脑、智能手机）等。这些设备需要具备高性能、稳定性和安全性，以满足教学管理系统的运行需求。同时，教室、实验室、图书馆等场所需要进行网络化改造，提供高速、可靠的网络环境。

1. 计算机

计算机是信息化教学管理的核心设备之一，具有高性能、稳定性和安全性的特点，可以运行各种教学管理系统和软件，为教育教学提供强大的支撑。

教育教学中需要用到的各种软件、应用程序、数据库等均需要在计算机上运行，计算机的性能直接影响到教学管理系统的运行效率和数据处理能力。

2. 服务器

服务器是信息化教学管理的重要设备之一，能够实现网络化管理和资源共享。服务器可承担多个客户端的数据请求和计算任务，为用户提供数据存储、安全管理、应用服务等支持，具有高可靠性、高可用性和高扩展性等特点。在信息化教学管理中，服务器常用于搭建教学管理平台、学生档案管理系统、教师评价管理系统等，可以提供强大的支持和保障。

3. 存储设备

存储设备是信息化教学管理的重要组成部分，用于存储各种教学资源和数据。随着教学资源的丰富和数据量的增大，存储设备的需求也在不断增加。存储设备需要具备高速、大容量和可靠性等特点，以满足教学管理系统的数据存储和访问需求。

4. 网络设备

网络设备是信息化教学管理的重要设备之一，用于建立教学管理系统的网络基础设施。网络设备包括路由器、交换机、网卡、光纤等，它们共同构成了教学管理系统的通信基础设施。在信息化教学管理中，网络设备需要提供高速、稳定、安全的网络环境，以保证教学管理系统的正常运行和数据的快速传输。

（二）软件系统

软件系统是信息化教学管理技术支撑体系的核心，包括教务管理系统、学习管理系统、资源管理系统、在线考试系统等。这些系统需要具备良好的用户体验、功能完善、可扩展性和安全性，以满足教学管理的各种需求。同时，软件系统需要支持多种终端设备，实现教学管理的移动化和智能化。

1. 教务管理系统

教务管理系统是教学管理的重要组成部分，包括学生管理、课程管理、教师管理、成绩管理等多个模块。教务管理系统可以实现信息化管理和资源共享，提高教学管理的效率和准确性。同时，教务管理系统还可以支持在线选课、自助打印成绩单、学生评教等功能，方便学生和教师的教学管理。

2. 学习管理系统

学习管理系统是信息化教学管理的另一个重要组成部分，可以提供在线学习、课程资源共享、作业提交、讨论互动等功能。学习管理系统可以支持多种教学模式，如混合式教学、翻转课堂等，提供个性化的学习方式和学习空间。学习管理系统还可以支持学生的学习反馈和自我评价，提高学生的学习兴趣和参与度。

3. 资源管理系统

资源管理系统也是信息化教学管理的重要组成部分，用于管理教学资源和数据。资源管理系统可以支持多种资源格式和多种存储方式，如视频、音频、图像、文本等。同时，资源管理系统还可以实现资源的分类、标注、检索和共享，方便教师和学生进行学习和教学管理。

4. 在线考试系统

在线考试系统是信息化教学管理的另一个重要组成部分，可以实现在线组卷、考试监控、防作弊等功能。在线考试系统可以提高考试的安全性和可靠性，同时还可以提高考试的效率和准确性，方便教师和学生进行教学管理和学习评价。

（三）网络基础设施

网络基础设施是信息化教学管理技术支撑体系的关键，包括宽带网络、无线网络、校园网等。这些网络需要具备高速、稳定、安全的特点，以支持教学管理系统的正常运行和数据传输。同时，网络基础设施需要支持多种网络协议和应用服务，满足教学管理的多样化需求。

1. 宽带网络

宽带网络是信息化教学管理的基础网络设施，具有高速、稳定的特点，可提供高速的网络带宽和数据传输速度。在信息化教学管理中，宽带网络需要支持多种教学模式和教学场景，如远程教育、在线学习、移动学习等，为学生提供更加灵活和多样的学习方式和学习空间。同时，宽带网络还需要具备高安全性，防范网络攻击和数据泄露，保障教学管理系统的安全运行。

2. 无线网络

无线网络是信息化教学管理的另一个重要网络设施，具有灵活、便捷、智能的特点。无线网络可以实现移动学习、移动办公、移动考试等多种教学场景，提供了更加便利和自由的学习和教学环境。在无线网络中，需要考虑信号覆盖、网络质量、网络安全等问题，以保证无线网络的可靠性和安全性。

3. 校园网

校园网也是信息化教学管理的重要网络设施之一，是校内各种网络设备和教学管理系统的连接平台。校园网需要支持多种网络协议和应用服务，如HTTP、FTP、SMTP 等，以支持教学管理系统的各种功能和需求。同时，校园网需要具备高安全性，采用网络防火墙、入侵检测等安全措施，保障教学管理系统的安全运行和数据传输。

（四）信息安全技术

信息安全技术是信息化教学管理技术支撑体系的保障，包括数据加密、用户权限管理、防火墙、入侵检测等。这些技术需要保证教学管理系统的数据安全、网络安全和系统安全，防止数据泄露、恶意攻击等风险。同时，信息安全技术需要与教学管理系统紧密结合，实现安全管理的全程监控和预警。

1. 数据加密

数据加密是信息安全技术的重要组成部分，可以对数据进行加密、解密，确保数据传输和存储的安全性。在信息化教学管理中，数据加密可以保护学生、教师等教学管理系统用户的隐私信息，防止信息泄露和盗窃。同时，数据加密技术还可以保护教学管理系统的重要数据和文件，防止故意或非故意的数据破坏和丢失。

2. 用户权限管理

用户权限管理是信息安全技术的另一个重要方面，可以控制用户的访问权限和使用权限，保护教学管理系统的安全性和稳定性。用户权限管理需要对不同用户的权限进行分类和管理，以确保不同用户能够访问和使用的数据和功能是合法和安全的。同时，用户权限管理还可以对用户的行为进行监控和管理，保证教学管理系统的安全和稳定。

3. 防火墙和入侵检测技术

防火墙和入侵检测技术是信息安全技术的另外两个重要方面。防火墙可以对教学管理系统进行网络安全防护，对不安全的网络请求进行拦截和过滤，防止网络攻击和非法访问。入侵检测技术则可以实现对教学管理系统的全面监控和检测，发现和预防网络攻击和恶意行为。这两种技术可以相互协同，共同提高教学管理系统的安全性和稳定性。

（五）大数据和分析工具

大数据和分析工具是信息化教学管理技术支撑体系的智能化支撑，包括数据采集、数据存储、数据分析、数据可视化等。这些工具需要具备高效、准确、实时的特点，以支持教学管理的数据驱动决策和优化。

1. 数据采集

数据采集是大数据和分析工具的重要环节，可以通过各种传感器和设备实现对学生和教师的数据采集，包括行为、反应、心理等多个方面。数据采集可以实现教学过程的全面监测和数据记录，为数据分析提供丰富的数据来源。

2. 数据存储

数据存储是大数据和分析工具的另一个重要环节，需要实现大数据量的存储和管理。数据存储需要满足高效、稳定、可扩展的特点，以确保数据的安全性和完整性。同时，数据存储还需要支持多种数据格式和数据类型，方便教学管理的数据分析和挖掘。

3. 数据分析和数据可视化

数据分析和数据可视化是大数据和分析工具的核心环节,可以实现对数据的分析、挖掘和可视化。数据分析可以对数据进行深入挖掘和分析,提取其中的关键信息和规律,为教学管理提供数据支撑和决策支持。数据可视化则可以将数据转化为图表、报表等形式,以便教师和学生快速、直观地了解教学数据和教学管理情况。

(六)云计算和边缘计算

云计算和边缘计算提供了弹性、可扩展的计算能力和存储空间,有助于处理和存储大量的教学管理数据,同时可以满足多样化、个性化的教学需求。例如,教学资源可以存储在云端,学生和教师可以随时随地访问;通过边缘计算,可以在接近数据源的地方进行数据处理,减少网络延迟,提高教学应用的响应速度。

云计算是一种基于互联网的计算模式,通过将计算资源和服务以服务的方式提供,实现按需分配、按需支付的计算服务。在信息化教学管理中,可以将教学资源、学习管理系统、在线考试系统等应用部署在云端,实现教学资源共享和灵活管理。学生和教师可以随时随地访问云端教学资源,无论是在校园内还是在外部,都可以方便地进行学习和教学。

边缘计算是一种分布式计算模式,将计算能力和存储资源部署在离数据源较近的位置,实现数据处理和应用响应的高效性和实时性。在信息化教学管理中,可以将边缘计算应用于学生学习过程的监测和管理中,例如,对学生在课堂上的反应、行为和情绪等进行实时分析和处理。同时,边缘计算还可以实现学生学习过程中的智能化诊断和反馈,提高学习效果和教学管理的质量。

云计算和边缘计算还可以通过协同工作,实现更加高效的教学管理。例如,在教学资源管理中,可以将资源存储在云端,同时利用边缘计算实现教学资源的实时预处理和调度,提高教学资源的共享和利用效率。在学生学习管理中，可以将学生的学习行为和反映数据存储在云端，同时利用边缘计算进行实时监测和分析，提供个性化的学习反馈和管理服务。

（七）人工智能和机器学习技术

人工智能和机器学习技术能够通过对大量教学数据的分析，提供智能化的教学管理解决方案，如智能推荐、智能分析、智能预测等。例如，可以通过机器学习模型预测学生的学习效果，提早发现学习困难，提供个性化的学习支持；通过智能推荐系统，可以根据学生的学习行为和喜好，推荐合适的教学资源。

可以通过机器学习模型预测学生的学习效果和行为，帮助教师和学生更好地了解学生的学习状态和学习需求。例如，可以利用机器学习模型对学生的学习数据进行分析，预测学生可能出现的学习困难和问题，提前进行干预和支持。

可以通过智能推荐系统为教师和学生提供个性化的教学资源和学习支持。例如，可以根据学生的学习行为和喜好，推荐合适的教学资源和学习内容，提高学习效果和学习满意度。同时，智能推荐系统还可以为教师提供教学资源和案例，促进教学管理的创新和发展。

人工智能和机器学习技术还可以实现对学生学习过程的监测和评估，为教师提供学生学习数据的分析和处理，帮助教师更好地了解学生的学习状态和问题。例如，可以利用机器学习模型对学生的学习数据进行分析，评估学生的学习效果和学习能力，为教师提供教学建议和支持。

三、信息化教学管理的应用前景与发展趋向

信息化教学管理是利用计算机技术、网络技术和信息技术来管理教育教学过程的一种方式。信息化教学管理不仅能够提高教学管理效率，还能够提升教学质量，为学生提供更加优质的教育资源和服务。未来，随着信息技术和人工智能技术的不断发展，信息化教学管理的应用前景将会更加广阔。

第一，信息化教学管理将实现更加个性化的教学方式。随着学生数量的增加和学生特点的多样化，传统的课堂教学模式已经不能满足教学需求。信息化教学管理能够根据学生的学习特点和需求，提供个性化的教学资源和服务，满足学生的学习需求和兴趣爱好。例如，利用机器学习和数据分析技术对学生的学习数据进行分析，提供个性化的学习计划和教学方案，帮助学生更好地学习和成长。

第二，信息化教学管理将更加注重数据的管理和利用。随着教学管理数据的不断积累和增加，信息化教学管理将更加注重数据的管理和利用。教育教学数据的分析和利用能够为教学管理提供更加精准的决策支持，提高教学质量和管理效率。例如，利用大数据和人工智能技术对学生学习数据进行分析，发现学生学习的瓶颈和问题，为教师提供个性化的教学方案和支持。

第三，信息化教学管理将更加注重多维度的教学资源管理。随着信息技术的发展和学生需求的多样化，教学资源的形式和类型也会发生改变。信息化教学管理将更加注重多维度的教学资源管理，包括文字、图片、音频、视频等多种形式的教学资源。教学资源的多样化和共享能够提高教学资源的利用效率和教学质量。例如，通过云计算和边缘计算技术，将教学资源存储在云端，并实现实时的教学资源调度和共享，为学生和教师提供便利和支持。

第四，信息化教学管理将更加注重教学质量的评估和提升。信息化教学管理能够通过对学生学习数据的分析和利用，对教学质量进行评估和提升。通过对学生学习数据的分析，可以发现教学中存在的问题和不足，并提供相应的改进方案，提高教学效果和质量。例如，利用数据分析技术对学生的学习数据进行分析，评估教学效果和学生学习水平，为教师提供教学建议和支持。

第五，信息化教学管理将更加注重教学管理的智能化和自动化。随着人工智能和机器学习技术的不断发展，信息化教学管理将更加注重教学管理的智能化和自动化。教学管理的智能化和自动化能够提高教学管理效率和质量，同时也能够为教师和学生提供更加便利和支持的教学服务。例如，利用机器学习和数据分析技术，实现教学管理的自动化和智能化，为教师提供个性化的教学资源和教学方案，同时也为学生提供智能化的学习支持和服务。

总之，信息化教学管理的应用前景和发展趋向将会更加广阔。未来，信息化教学管理将更加注重个性化教学、数据管理和利用、多维度的教学资源管理、教学质量评估和提升，以及教学管理的智能化和自动化。随着人工智能和机器学习技术的不断发展，信息化教学管理将为教育教学的创新和发展提供强有力的支撑和保障。

第二节　高职院校信息化教学资源

一、高职院校信息化教学资源的意义与价值

信息化教学资源的应用可以提高教学的质量和教学评估的效果。通过收集、整理、分析学生的学习数据，教师可以更好地了解学生的学习状态，进而优化教学内容和方法。因此，高职院校信息化教学资源的意义与价值是不可低估的，它们不仅是现代化教育的必要条件，也是提高高职院校教育质量的关键因素。

（一）有利于提高教学效率和质量

信息化教学资源具有丰富性和多样性，可以提供各种形式的教学内容，如视频、音频、图文、动画等，使教学更加生动、形象，有助于提高学生的学习兴趣和学习效果。同时，教师可以利用信息化教学资源，进行灵活、多元的教学设计，提高教学效率和质量。

（二）有利于实现个性化和差异化教学

信息化教学资源可以支持个性化和差异化教学，满足不同学生的学习需求和学习风格。教师可以根据学生的学习进度、学习能力、学习兴趣等因素，

选择合适的教学资源，进行个性化教学。同时，学生可以根据自己的学习需求，自主选择和使用教学资源，进行自主学习。

（三）有利于扩大教学资源的覆盖范围

信息化教学资源可以突破时间和空间的限制，实现远程教学和在线学习，扩大教学资源的覆盖范围。无论学生在哪里，只要有网络，就可以获取和使用教学资源。这对于那些地理位置偏远、资源匮乏的地区的学生来说，具有重要的意义。

（四）有利于促进教学创新和教育改革

信息化教学资源提供了丰富的教学方法和手段，如互动教学、协作学习、问题导向学习等，有助于促进教学创新和教育改革。同时，信息化教学资源的开放性和共享性，可以促进教育资源的公平分配，推动教育公平。

（五）有利于培养学生的信息素养和终身学习能力

在信息化教学资源的使用过程中，学生需要学习和掌握各种信息技术，如搜索技术、评估技术、利用技术等，从而提高他们的信息素养。同时，信息化教学资源可以支持自主学习和终身学习，培养学生的自主学习能力和终身学习能力。

（六）有利于促进教育资源的公平分配

信息化教学资源的开放性和共享性，使得无论是城市还是乡村，无论是富裕还是贫困地区的学生，只要有网络连接，就能获取到优质的教学资源。这有助于缩小教育资源的差距，推动教育公平。

（七）有利于适应社会和就业市场的需求

随着社会的进步和技术的发展，社会和就业市场对人才的需求也在不断变化。信息化教学资源可以及时反映社会和行业的最新动态，帮助学生及时更新知识和技能，更好地适应社会和就业市场的需求。

（八）有利于创新教育评估方式

信息化教学资源的使用，尤其是在线学习平台，可以实时追踪和记录学生的学习过程和学习成果，为教学评估提供丰富、多维度的数据。这有助于从过程和结果两个角度全面评价学生的学习效果，提高评估的公正性和准确性。

（九）有利于提高教育管理效率

利用信息化教学资源，教育管理者可以有效地进行教学资源的规划、调配和使用，提高管理效率。同时，通过数据分析，可以对教学质量、教学效果等进行评估和监控，为教育决策提供依据。

二、高职院校信息化教学资源体系的构建途径

构建高职院校信息化教学资源体系，需要借鉴其他先进高校的经验和做法，同时也需要根据高职教育的特点和需求，制定科学合理的构建方案和途径。通过完善教学资源的采集、管理、共享和应用机制，提高教学资源的质量和效率，进一步推动高职教育信息化的发展和创新。

（一）根据教学需求设计资源

高职院校的教学需求通常具有很强的实践性和应用性。例如：机械工程专业的学生需要掌握各种机械设备的操作方法，电子工程专业的学生需要了解电路板的设计和调试等。

因此，在设计信息化教学资源时，可以开发各种模拟实验软件，让学生在虚拟环境中进行实验，提高他们的实践能力。同时，可以通过采集行业专家的讲座、案例分析等内容，编制成在线教学资源，帮助学生理解和掌握专业知识。

（二）采用先进的信息技术

利用现代信息技术可以大幅提升信息化教学资源的质量和效果。例如，利用人工智能技术，可以根据每个学生的学习行为和学习成果，推荐适合他们的教学资源，实现个性化学习。再如，利用大数据技术，可以分析学生的学习数据，发现他们的学习问题和学习需求，为教学决策提供数据支持。除此之外，信息化教学资源的设计还可以采用其他先进的信息技术，包括虚拟现实技术，可以利用虚拟现实技术开发各种虚拟实验、场景模拟等教学资源，让学生在虚拟环境中进行实践操作和学习，以提高学生的实际应用能力。增强现实技术可以利用增强现实技术将虚拟信息叠加在真实环境中，实现与现实世界的交互和融合，为学生提供更为丰富、直观的学习体验。云计算技术可以利用云计算技术将教学资源集中存储在云端，为学生提供随时随地、安全可靠的学习资源和学习服务，同时还可以降低学校的 IT 维护成本。移动设备技术可以利用移动设备技术为学生提供便捷的学习方式，例如，在线课程、移动应用、学习管理软件等，让学生随时随地进行学习和交流。

（三）建立资源共享机制

应建立教学资源的共享机制，鼓励教师和学生共享优质的教学资源，避免资源的重复建设，提高资源利用率。同时，还可以通过联合其他高职院校或教育机构，共建共享教学资源，扩大资源的覆盖范围。

1. 建立教学资源库

将教学资源集中存储在教学资源库中，让教师和学生可以方便地浏览、搜索、下载所需的教学资源。同时，还可以设立资源审核机制，确保教学资源的质量和合法性。

2. 鼓励教师和学生参与共享

可以通过各种方式，鼓励教师和学生参与教学资源的共享，例如，设置教学资源的奖励机制、开展教学资源共享交流活动等。同时，还可以加强对教师和学生的宣传教育，提高他们对教学资源共享的认识和重视。

3. 建立联盟或协作机制

高职院校可以与其他高职院校或教育机构建立教学资源联盟或协作机制，共同建设、共享教学资源。通过联盟或协作机制，可以更好地整合各方资源，避免资源的重复建设，提高资源的利用效率和质量。

4. 加强管理和维护

建立资源共享机制需要加强对教学资源的管理和维护。高职院校可以设立专门的管理团队，对教学资源进行统一管理、维护和更新，确保资源的质量和完整性。同时，还需要加强对资源使用情况的监测和评估，为资源的持续改进和发展提供数据支持。

（四）实现资源的开放与个性化

在构建信息化教学资源体系的过程中，应充分实现资源的开放性和个性化。这不仅包括资源的内容开放，也包括资源的使用方式和使用环境的开放。同时，应根据每个学生的学习风格和学习需求，提供个性化的教学资源。

（五）建立完善的资源评价和更新机制

应建立完善的教学资源评价和更新机制，定期对教学资源进行评价和更新，保证资源的质量和时效性。评价机制可以包括教师评价、学生评价、专家评价等多个维度；更新机制应确保资源与最新的教学理念和技术同步。

（六）提供良好的技术支持和服务

为确保教学资源的正常使用，需要提供全方位的技术支持和服务。例如，建立专门的技术支持团队，负责解决教师和学生在使用教学资源过程中遇到的技术问题，保障网络和设备的正常运行。此外，定期举办信息技术培训班和工作坊，帮助教师和学生提高信息技术应用能力，掌握使用教学资源的方法和技巧。

第三节　高职院校信息化教学方法

一、高职院校信息化教学方法的运用情况

随着信息技术的飞速发展，高职院校的教学方法也在发生着深刻的变化。传统的面对面授课方式逐渐被网络教学、混合式学习、微课程、翻转课堂等信息化教学方法取代或补充。这些新的教学方式大大扩展了教学的时间和空间，提高了教学的效率和质量，使教学更加符合学生的学习习惯和需求。

（一）在线教学

在线教学是最早应用的信息化教学方法，主要是通过互联网进行教学活动。教师可以通过网络平台发布教学资源、组织在线讨论、进行在线评价等。学生可以在任何时间、任何地点进行学习，大大增加了学习的自主性和灵活性。此外，在线教学还可以实现教学的个性化和精细化，通过智能分析学生的学习数据，为每个学生提供定制化的学习资源和学习路径。

（二）混合式学习

混合式学习是线上教学和线下教学的有机结合，既保留了传统教学的互动性和实践性，又充分利用了网络教学的便利性和灵活性。在混合式学习中，教师通常会将一部分教学内容放在网络上，让学生自主学习，而在课堂上则更多地进行讨论、实践和评价等活动。这样，不仅可以充分利用课堂时间，提高教学效率，而且可以调动学生的学习主动性，提高学习深度。

（三）微课程

微课程是一种以微视频为主要载体的短小、完整、自包含的网络课程。

每个微课程通常只包含一个知识点或一个技能点，学习时间通常在 5～20 分钟之间。微课程以其精短、精细、精彩的特点，深受学生的喜欢，可以有效激发学生的学习兴趣，提高学习效果。

（四）翻转课堂

翻转课堂是一种将传统教学模式颠倒过来的教学方式。在翻转课堂中，学生在课前通过网络自主学习教学内容，而在课堂上则主要进行讨论、解疑、实践等活动。这种教学方式可以充分调动学生的学习主动性，使教师的角色由传统的知识传授者转变为学习引导者和学习伙伴，同时也能更好地发挥课堂的互动性和实践性。

（五）项目化学习

项目化学习是一种以项目为载体，以解决实际问题为目标的学习方式。在项目化学习中，学生需要自主设定项目目标，规划学习路径，寻找和利用资源，进行实践活动，最终完成项目。这种学习方式不仅可以提高学生的问题解决能力，团队合作能力，而且可以使学生在实践中体验和理解知识，增强学习的深度和延续性。

（六）模拟实训

模拟实训是一种通过模拟软件，让学生在虚拟环境中进行实训的学习方式。这种学习方式可以避免实训设备的限制，提高实训的安全性和灵活性。同时，模拟实训还可以通过数据记录和数据分析，反馈学生的实训过程和实训结果，帮助学生发现和改正错误，提高实训效果。

总的来说，高职院校的信息化教学方法的运用已经成为教学改革的重要趋势。然而，同时也要注意，信息化教学并不是替代传统教学，而是与传统教学相结合，互为补充，共同提高教学的质量和效率。在实践中，还需要根据教学目标、学生特点、教学内容等因素，灵活选择和运用各种教学方法，真正做到以学生为中心，以学习为本，促进学生的全面发展。

二、高职院校信息化教学方法的管理举措

高职院校在实施信息化教学时，应确保有一套完善的管理举措以确保教学目标的达成。以下是一些可行的管理举措。

（一）制定信息化教学战略

要明确信息化教学的目标，这是所有行动的基础。这可能涉及教学质量的提升，学生参与度的提升，教师技能的提升，等等。此外，制定一个长期的信息化教学战略，阐述如何实现这些目标，以及如何评估进度和效果，这对于信息化教学的成功至关重要。

（二）培训教师

教师需要接受信息技术的培训，以便能够有效地使用各种信息化教学工具和方法。这可能包括培训研讨会、在线课程、一对一指导等。此外，教师还需要被鼓励去尝试新的教学方法，并分享他们的经验和成功案例。

（三）提供技术支持

无论是教师还是学生，都可能在使用新技术时遇到问题。因此，需要提供技术支持，解决他们在使用信息化教学工具和方法时遇到的技术问题。可以提供多种形式的技术支持，技术支持可以采用多种形式，包括线上和线下的支持方式。例如，可以提供在线技术支持，为教师和学生提供及时的问题解答和技术指导，也可以提供现场技术支持，为他们提供现场指导和帮助。提供定制化的技术支持，不同的学校和学科可能会有不同的信息化教学需求，因此，需要根据实际情况提供定制化的技术支持。例如，可以为某个学科或专业提供专业的技术支持，解决他们在使用信息化教学工具和方法时遇到的技术问题。

（四）建立反馈机制

反馈机制对于改进教学方法至关重要。这可能包括定期的评估，以确定信息化教学的效果，以及获取教师和学生对于教学方法的反馈。此外，也应鼓励教师和学生提供他们的建议和想法，以改进信息化教学的实施。可以建立多层次的反馈机制，反馈机制应该涵盖不同的层次，包括学生和教师个体层面、课程和专业层面，以及学校整体层面。例如，可以通过课堂调查、问卷调查等方式，获取学生和教师对于教学方法的反馈，或者组织教学评估小组进行课程评估和专业评估，以了解信息化教学的效果和改进方向。同时，反馈机制要及时、准确，以便教师和学校能够准确地了解信息化教学的效果和问题所在，并且能够及时调整教学方法和方式。还可以建立课程咨询机制，让学生可以直接向教师或者学校提出课程相关的问题和建议。通过这种方式，教师和学校可以更好地了解学生的需求和问题，提供更好的教学支持。

（五）保障资金和资源

在保障资金和资源方面，学校可以通过多种途径进行筹措。一方面，可以通过申请政府的教育科技项目来获得支持。另一方面，学校也可以利用现有的资金进行调配，例如，通过优化资源配置，或者削减一些低优先级的项目来为信息化教学划拨更多的资源。此外，学校也可以积极探索多元化的资金来源，例如，与企业或社会组织合作，或者通过学校自身的公益基金来支持信息化教学的实施。值得注意的是，在保障资金和资源的同时，学校也需要考虑如何合理利用这些资源，确保信息化教学的效益最大化。

（六）推广信息化教学

推广信息化教学对于实现信息化教学的全面覆盖至关重要。学校可以采用多种手段来推广信息化教学，例如，通过学校网站、微信公众号等宣传渠道来发布相关资讯和推广信息化教学的新闻，同时可以组织各种形式的教师培训和学生培训，提高师生的信息化素养，以及帮助他们更好地掌握信息化教学的方法和技能。此外，学校还可以组织教学创新竞赛、教学论坛等活动，展示信息化教学在实践中的成效，鼓励更多的教师和学生积极参与到信息化教学中来。学校也可以积极参与信息化教学研究，并与其他学校或机构进行合作，推动信息化教学的研究和应用，以提高信息化教学的整体水平和效益。

（七）创新管理模式

创新管理模式是信息化教学资源体系建设中的一个重要方面。传统的教学管理模式可能无法适应信息化教学的需要，因此需要创新管理模式。例如，多元评价机制可以采用学生成绩、学习日志、学生作品等多种方式评估学生的学习成果，避免单一评价指标的缺陷，提高评价的准确性和全面性。学习分析技术可以对学生的学习行为和学习数据进行分析，发现学生的学习问题和学习需求，为教师提供数据支持，实现教学的个性化和精准化。差异化教学可以根据学生的学习能力和兴趣，采用不同的教学策略和教学资源，提高学生的学习效果和学习积极性。因此，创新教学管理模式是信息化教学资源体系建设中的必要环节，能够更好地促进教学质量的提高和教学效率的提升。

（八）保障网络安全和隐私

保障网络安全和隐私是信息化教学资源体系构建的重要一环。学校应该建立网络安全管理制度，包括安全审计、漏洞修复、安全防护等，确保信息系统的安全运行。同时，应加强网络安全意识教育，让教师和学生了解网络安全和隐私保护的重要性，并掌握相应的安全防范知识和技能。还需要加强对教学资源的保密措施，防止未经授权地访问和使用。建立数据备份机制，以确保教学资源的可靠性和恢复性。

（九）建立合作关系

学校可以与其他教育机构、企业等建立合作关系，共享教学资源，交流教学经验，共同推动信息化教学的发展。这种合作可以涉及教学资源共享、师资培训、教育科研等方面。通过与其他机构的合作，学校可以获得更多的资源和支持，拓展信息化教学的发展渠道。例如，可以与互联网教育机构合作，共同开发在线教学资源，提供更多学习方式和途径；可以与企业合作，开展教育实践活动，增强学生的实践能力和职业素养。同时，还可以与国内外高校和科研机构建立合作关系，开展教育科研项目，共同探索信息化教学的前沿和未来发展方向。

（十）实施持续改进

信息化教学是一个持续改进的过程。需要定期评价信息化教学的效果，根据评价结果进行反思和调整，以实现持续改进。持续改进可以通过多种方式实现。一种方式是采用教学数据分析技术，分析学生的学习数据，找出问题和瓶颈，进而改进教学设计。另一种方式是定期举办教学研讨会或工作坊，分享教学经验和最佳实践，以及收集教师和学生的反馈，以便调整和改进教学方法和工具。还应该鼓励教师参加培训和研修，了解最新的信息技术和教学方法，进一步改进信息化教学的实施。

第四节　高职院校信息化校园管理

一、高职院校信息化校园管理的基本流程

随着信息化技术的不断发展和应用，信息化校园管理已经成为现代高职院校发展的必然趋势。信息化校园管理通过建设信息系统、应用软件、采集数据、处理信息等手段，可以提高校园管理的效率、精度和水平，同时也为师生提供更加便捷、高效的服务。信息化校园管理不仅是高职院校现代化发展的需要，也是应对教育信息化时代的必然要求。

（一）系统规划

确定信息化校园管理的目标、范围和实现路径，制定信息化发展规划和项目实施计划。系统规划需要考虑到校园管理的特点，例如，教学管理、学生管理、设施管理等，同时也要考虑到技术和资源的可行性和可用性。举例来说，一个信息化校园管理的目标可能是提高学生和教职工的工作效率和生活质量，范围可能包括学籍管理、成绩管理、课表管理等，实现路径可能是先建设一个基础设施，然后逐步实现各个模块的功能。

（二）系统建设

根据规划和计划，进行信息系统建设、应用软件开发、硬件设施采购等工作。建设过程中需要关注系统的可用性、稳定性、安全性等问题。举例来说，一个学生信息管理系统的建设可能包括数据库建设、前端页面设计、后端逻辑开发、服务器采购等。

（三）系统上线

完成系统建设和测试后，将系统上线运行。上线前需要进行培训和数据导入等工作，确保系统能够正常使用。举例来说，一个教学资源管理系统的上线可能需要教师进行培训和数据导入，以保证系统能够正常运行和使用。

（四）数据采集

通过系统收集学生、教职工、教学设备等数据，建立数据中心。数据采集可以实现自动化或半自动化，以提高数据的准确性和效率。举例来说，一个教学设备管理系统可以通过设备管理软件自动采集设备的使用情况，以便于进行维护和更新。

（五）数据处理

对采集到的数据进行加工、处理、分析，提炼出有价值的信息，为决策提供参考依据。数据处理可以通过数据挖掘、数据分析等技术实现。举例来说，一个学生信息管理系统可以通过数据分析，提取出学生的学习兴趣和倾向，以便于进行个性化的教育和辅导。

（六）管理应用

利用信息化手段，对校园各个管理环节进行优化和升级，提高管理效率和服务水平。例如，学籍管理、成绩管理、教学资源管理、设备管理等。举例来说，一个设备管理系统可以实现设备的预约、借用、归还等功能，以提高设备管理的效率和服务水平。

（七）数据共享

将数据共享给需要使用的部门和个人，为他们提供决策支持和服务保障。数据共享可以通过信息门户、移动应用等途径实现。举例来说，一个教师教学评估系统可以将教师的教学数据共享给学生和管理部门，以提供更全面的教学评估信息和决策支持。

（八）系统优化

不断对系统进行优化和升级，提高系统的性能、安全性和用户体验。系统优化需要结合用户反馈和技术发展趋势进行。举例来说，一个学生信息管理系统可以不断优化界面、增加功能，提高系统的稳定性和易用性。同时，系统也需要随着技术的发展不断升级和更新，以适应校园管理的需要和发展。

上述内容不仅是信息化校园管理的核心内容，也是信息化校园管理实现的基本步骤。对于高职院校而言，深入推进信息化校园管理，不仅可以提高学校的管理水平和竞争力，也可以为学生和教师提供更好的学习和工作环境。

二、高职院校信息化校园管理的创新要点

信息化技术的不断发展，为高职院校的校园管理带来了全新的变革和创新。信息化校园管理不仅是高职院校现代化发展的必然趋势，也是应对教育信息化时代的必然要求。随着信息化校园管理的不断推进，如何创新信息化校园管理模式和方法，成为高职院校信息化校园管理亟须探讨和研究的重要问题。本文将从信息化校园管理的创新要点出发，探讨高职院校信息化校园管理的创新路径和方法。

（一）数据挖掘和分析

随着信息化技术的不断发展，高职院校已经建立了大量的信息系统和数据中心，这些数据不仅包括学生、教职工、教学资源等各种管理数据，也包括社交媒体、移动设备等各种非结构化数据。如何利用这些数据挖掘和分析，提取有价值的信息，为决策提供参考依据，成为高职院校信息化校园管理的重要课题。

数据挖掘和分析可以通过机器学习、人工智能、大数据等技术实现。例如，可以通过机器学习算法对学生的学习成绩、课程评价、出勤记录等数据进行分析，提取出学生的学习倾向和优势劣势，以便于进行个性化教育和辅导；可以通过大数据分析对教学资源的使用情况、学生的学习行为、教师的教学效果等进行分析，提取出有价值的信息，为教育教学改革提供参考依据。

（二）移动化校园管理

随着智能手机、平板电脑等移动设备的普及，移动化校园管理成为现代校园管理的新趋势。移动化校园管理通过移动应用、信息门户、微信公众号等方式，将校园管理服务带到了学生和教职工的手中，提供了便捷、高效的

服务。移动化校园管理可以实现校园公告、课表查询、成绩查询、教师评价、社交互动等多种功能，同时也可以实现在线学习、在线考试等创新的教育教学模式。移动化校园管理不仅可以提高管理效率和服务水平，也可以促进教育教学的改革和创新。例如，学生可以通过移动应用查询课程表、完成作业、进行在线学习等；教师可以通过移动应用进行教学评价、进行在线教学等。

（三）智慧化校园管理

智慧化校园管理通过物联网、人工智能、云计算等技术，将校园管理和教育教学全面智能化，实现从传统管理到智慧管理的转变。

智慧化校园管理可以实现校园环境监测、智能设备管理、校园安全保障、虚拟教学实验室等多种功能。例如，可以通过物联网技术实现校园内各种设备的互联互通和智能管理；可以通过人工智能技术实现教学过程的自动化、个性化和智能化；可以通过云计算技术实现教学资源的共享、管理和交互。

（四）协同化校园管理

协同化校园管理通过信息共享、协同办公、团队合作等方式，实现校园管理和教育教学的全面协同化，促进学校内外各个部门和人员的紧密合作和协同发展。

协同化校园管理可以通过在线会议、协同办公平台、社交互动等方式实现。例如，可以通过在线会议平台实现校内各个部门的协同工作和决策；可以通过协同办公平台实现学生、教师、管理人员的信息共享和协同工作；可以通过社交互动平台实现师生之间的互动和沟通。

三、高职院校信息化校园管理的注意事项

高职院校信息化校园管理是一项复杂的工作，需要充分考虑各种因素和注意事项。以下是高职院校信息化校园管理的注意事项。

制定合理的信息化发展规划。在进行信息化校园管理之前，需要充分考

虑学校的发展需求和现实条件，制定合理的信息化发展规划和实施计划，确保信息化校园管理的顺利推进。

保障信息系统的稳定性和安全性。信息化校园管理需要建立各种信息系统和数据中心，确保系统的稳定性和安全性非常重要。需要采取各种技术手段和管理措施，防范各种网络攻击和信息泄露等风险。

建设优质的信息技术团队。高职院校信息化校园管理需要建设优质的信息技术团队，包括信息技术专家、系统管理员、数据分析师等人才，确保系统的运行和维护。

进行充分的教育和培训。信息化校园管理需要充分的教育和培训，包括教职工和学生等人员，以便他们能够熟练使用各种信息系统和工具，提高管理效率和服务质量。

确保数据的准确性和完整性。信息化校园管理需要保证数据的准确性和完整性，包括学生的学籍信息、成绩信息、课程信息等各种管理数据，需要进行严格的数据管理和保护。

强化校园管理和服务的人性化和个性化。信息化校园管理需要充分考虑师生的需求和实际情况，建立符合实际的校园管理和服务模式，充分体现人性化和个性化的理念。

实现信息的共享和交互。信息化校园管理需要实现信息的共享和交互，包括教学资源、管理数据、学生评价等各种信息，需要建立合理的信息共享和交互机制，促进信息的高效利用和共同发展。

推广信息化校园管理的理念和方法。信息化校园管理需要充分推广其理念和方法，引导学生和教职工充分认识信息化校园管理的重要性和优越性，积极参与信息化校园管理的建设和发展。

第九章 高职院校教学管理概况分析及优化路径

第一节 高职院校教学管理概况分析

一、我国高职院校教学管理的创新潜能充足

高等教育是我国未来发展的重要基础，而高职教育作为高等教育的重要组成部分，对于我国的经济和社会发展具有重要的战略意义。随着我国经济社会的快速发展，高职院校教学管理的创新潜能也在不断提高，已经成为高等教育发展的重要支撑。高职院校教学管理的创新潜能主要表现在以下几个方面。

（一）产教融合相关管理理论与实践的创新发展潜能充足

高职院校是培养应用型人才的重要阵地，产教融合是其教育教学改革和创新的重要途径。高职院校已经形成了多种产教融合的模式，如实习实训、项目实践、课程设计、校企合作等。这些模式的实施，不仅使学生能够在校期间获得更多的实践经验和实际技能，更重要的是增强了学生的就业能力，满足了社会对人才的需求。另外，产教融合还促进了高职院校与企业之间的交流与合作，增强了院校的社会影响力和竞争力。这些合作不仅有利于高职院校开展科技创新和人才培养，也为企业提供了更多的创新资源和人才支持。

（二）多元化教育相关管理理论与实践的创新发展潜能充足

高职院校作为应用型人才培养基地，其教学内容和方法也需要更加贴近现实、符合市场需求。多元化教育是实现这一目标的有效途径。多元化教育不仅可以提供更多元化的课程，也可以采用更多样化的教学方法和手段，从而提高教学质量和效果。在实践中，高职院校已经采取了多种多元化教育的措施。例如，建设数字化校园、在线教学平台、云端实验室等，这些新型教育设施为学生提供了更加便捷的学习方式和学习环境。同时，高职院校还在教学方法和手段上进行了创新，如引入案例教学、团队合作学习等，这些教学方法不仅能够增强学生的实践能力，也能够提高学生的创新能力和团队合作能力。

（三）信息化管理理论与实践的创新发展潜能充足

信息化管理是高职院校教学管理创新的重要手段。通过信息化技术的应用，可以实现教学管理的智能化、网络化和数字化。信息化管理可以提高教学效率，加强教学监管，提高教学质量。高职院校在信息化管理方面已经取得了一定的成果。例如，建立教务管理系统、学生信息管理系统等，实现了教学管理的信息化和智能化。同时，高职院校还利用网络技术和移动终端等工具，推广在线学习和远程教育，扩大了教学资源的覆盖面，提高了教学效率和质量。

二、政府、学校、教师仍需针对教学管理发展 "蓄力"

政府、学校、教师应在高职院校教学管理方面持续作出努力，不仅对于教学管理具有深远的意义，也具有巨大的社会价值。

在政府层面，政府在高职教育教学管理方面的作用主要体现在制定政策、提供支持和监管。政府对高职院校的支持有利于保障教育资源的公平分配，促进区域教育均衡发展。而且政府对高职院校教学管理的支持和引导有助于提高高职教育的整体质量和水平，培养出更多适应社会需求的技能型人才，为经济社会发展提供人力资源保障。

在学校层面，学校作为高职教育的主体，负责组织和实施教育教学活动。学校在教学管理方面的努力，有助于提高教育教学质量，为学生提供更好的教育环境和条件。学校通过优化教学管理，可以提升教师队伍的专业素质和教学能力，激发学生的学习兴趣和潜能，培养出具备实际操作能力和创新精神的高素质技能型人才。

在教师层面，教师作为教育教学的主体，负责传授知识、培养技能和引导学生成长。教师在教学管理方面的努力，直接影响到学生的学习效果和素质培养。教师在教学管理中的作用关键在于激发学生的学习兴趣、创造性思维和实践能力，从而提高教育教学质量。教师在高职院校教学管理中的价值主要体现在传授专业知识、培养实践技能和引导学生发展。教师通过优化教学方法、严格教学质量监控和关注学生个体差异，有助于培养学生的综合素质和职业技能，使他们更好地适应社会和职场需求。

总的来看，教师与政府、学校之间存在紧密的合作关系和互补关系。政府通过资金投入、政策制定和质量监管等方式，对高职院校的教学管理进行引导和支持，从而促进高职教育的健康发展。学校需要政府的政策支持和资金投入，同时要依靠教师的教育教学实践。教师需要学校提供优质的教育教学环境和资源，以实现高效的教育教学活动。政府、学校和教师三者共同努力，共同促进高职教育教学管理的不断完善和提升。

第二节　政府宏观调控

一、加强针对高职院校的政策支持

高职院校是国家培养高技能人才的重要渠道，其教学管理的创新和发展是提高人才培养质量和国家竞争力的重要途径。为此，政府需要加强对高职院校的政策支持，为高职院校教学管理的创新提供有力保障。

（一）政府可以增加高职院校教学改革创新项目的扶持力度

针对高职院校的教学管理创新，政府可以采取多种措施，其中，增加教学改革创新项目的扶持力度是重要的一种。为了激励高职院校开展教学管理创新，政府可以设立科研专项经费和奖励机制，以支持高职院校开展教学管理创新。

政府可以设立科研专项经费来支持高职院校的教学改革创新。这些经费可被用于购买教学设备和实验器材、举办师资培训、支持教学改革项目的实施等方面。通过科研专项经费的支持，高职院校可以更好地推进教学管理的创新和发展，提高教学质量和效率。

政府可以通过设立奖励机制来鼓励高职院校开展教学管理创新。这些奖励可以包括荣誉称号、奖金、职称晋升等，以表彰和激励高职院校的教学管理创新。此外，政府还可以通过举办评选活动、组织知识产权申请等方式，为高职院校的教学管理创新提供更加广泛和深入的支持。

政府还可以通过组织研讨会、研究课题等方式，促进高职院校的教学管理创新。这些活动可以为高职院校的教学管理创新提供平台和机会，激发高职院校教师的创新潜力，推动教学管理的不断提高。

需要指出的是，政府在增加教学改革创新项目的扶持力度时，也需要关注科研专项经费和奖励机制的公正性和公平性。政府应该加强对资金使用的监督和管理，确保科研经费的合理使用和效益。同时，政府也应该加强对奖励机制的制定和执行的监管，确保奖励机制的公正性和公平性。

（二）政府可以制定针对高职院校教学管理的政策

政府可以制定针对高职院校教学管理的政策，以推动高职院校的教学管理创新和发展。这些政策可以包括鼓励高职院校推广"项目化教学""设计思维教学"等创新教学模式，同时也可以出台相关政策，支持高职院校开展课程资源共享、建立教学管理平台等，以提高教学管理的效率和水平。

政府要鼓励高职院校推广"项目化教学""设计思维教学"等创新教学模式。这些教学模式可以更好地贴合实际需求，提高学生的实践能力和创新能力，有助于培养具有实践能力和创新能力的高素质人才。政府可以出台相关政策，鼓励高职院校积极推广这些创新教学模式，并提供相关的支持和引导。

政府要大力支持高职院校开展课程资源共享，为高职院校提供更多更好的教学资源。政府可以通过建立教学资源库、加强资源共享平台的建设等方式，为高职院校提供更多更好地教学资源，促进教学资源共享和互联互通。这有助于提高高职院校的教学质量和水平，满足学生多样化的学习需求。

政府还可以出台支持高职院校建立教学管理平台相关的政策。教学管理平台可以帮助高职院校更好的管理教学资源，提高教学管理的效率和水平。政府可以出台相关政策，支持高职院校建立教学管理平台，为高职院校提供更好地教学管理工具和技术支持，帮助高职院校更好地管理教学过程和教学资源。

（三）政府可以出台促进校企合作的政策

高职院校与企业合作是促进产教融合的重要举措，也是高职教育教学管理创新的重要方向之一。政府可以出台相关政策，支持高职院校与企业开展"校企合作实训""校企共建实验室"等项目，引入企业先进技术和实践经验，提高教学质量和创新能力。

政府可以设立专项资金，鼓励高职院校与企业开展校企合作项目。政府可以通过设立奖励机制，鼓励企业投入资金和技术支持，支持高职院校与企业共同开发课程、教材和实践项目。这不仅可以为学生提供更加贴近市场需求的实践教育，也可以促进产教融合，促进高职教育与产业发展的良性互动。

政府可以通过加强行业对接，促进高职院校与企业的合作。政府可以组织专业人员，对行业领域进行研究分析，了解行业的需求和发展趋势，并将这些信息反馈给高职院校，帮助高职院校更好地开展校企合作。同时，政府还可以促进高职院校与企业之间的交流合作，搭建校企交流平台，为双方提供更多合作机会和资源。

政府还可以通过建立"校企共建实验室"等方式，促进高职院校与企业的深度合作。政府可以出台相关政策，支持高职院校与企业共同建立实验室，引入企业先进的技术和设备，为学生提供更加先进的实践教育，帮助学生更好地融入市场需求。

需要注意的是，政府在出台促进校企合作的政策时，需要加强对企业的引导和规范，防止过度商业化和学术不端。政府可以出台相关政策和规定，规范校企合作的范围和内容，保障教学质量和学生利益。

（四）政府可以出台政府提高高职院校教师待遇

高职院校的教师队伍是教学管理创新的重要力量。政府可以出台相关政策，以提高高职院校教师的待遇和福利，鼓励优秀人才投身于高职院校教学管理创新的事业中，以促进教师的教学质量和创新能力的提升，进一步推动高职院校教学管理创新的发展。

为实现这一目标，政府可以采取多种措施，例如：加大对高职院校教师的经济支持，制定相关政策，增加教师的工资和津贴，提高教师的待遇和福利，以让高职院校的教师有更好的发展和生活保障。同时，政府也可以加大对高职院校教师的培训力度，提高教师的专业水平和教学质量，从而促进教师的职业发展，提高教学管理的水平和质量。

除了对教师的经济支持，政府还可以设立奖学金和助学金，鼓励学生积极参与教学管理创新活动，提高学生的综合素质和就业竞争力。政府可以通过设立奖学金和助学金，激发学生的学习兴趣和创新意识，促进教学管理的创新。此外，政府可以组织相关比赛和活动，激发学生的学习兴趣和创新意识，提高学生的综合素质和就业竞争力。政府还可以鼓励高职院校教师参与科研项目和教育研究，提高教师的学术水平和教学质量。政府可以通过设立科研专项经费和奖励机制，鼓励高职院校教师开展科学研究和教育研究，提高教师的创新能力和教学质量。政府可以加强对高职院校教师的培训和职称评审制度的改革，使教师能够不断提高自身素质和能力，不断推动教学管理的创新和发展。

二、完善针对高职院校的保障机制

针对高职院校保障机制的不完善问题，有必要加强相关政策和措施的研究，建立健全的保障机制，以提升高职院校教学管理的质量和水平。

（一）加强对高职院校的经费保障

高职院校的教学管理创新需要充足的经费保障，政府可以通过多种方式来加强对高职院校的经费保障。

政府可以增加对高职院校的基础建设投入。基础建设的投入是教学管理创新的基础，例如，校园建设、设备购置和实验室建设等，需要充足的经费支持。政府可以增加对高职院校基础建设的投入，满足高职院校教学管理创新所需的基础条件。

政府可以建立教学管理创新专项经费，针对高职院校教学管理创新项目的需要提供专项经费支持。专项经费可以用于开展教学管理创新项目、购置教学设备和实验器材、开展师资培训等。政府还可以建立专项经费管理制度，规范经费使用和管理，确保经费的合理使用。

政府还可以支持高职院校与企业开展合作，共同开发课程和项目。政府可以鼓励企业投资教育，提供资金支持，推动产教融合。这种合作不仅可以提供经费保障，还可以为学生提供实践机会和职业发展平台，提高学生的综合素质和就业竞争力。

在政府加强对高职院校经费保障的同时，也需要关注高职院校经费使用的效率和质量。政府可以对高职院校的经费使用情况进行监督和评估，发现问题及时整改。同时，政府还可以建立激励机制，鼓励高职院校加强经费管理，提高经费使用效率和质量。

（二）优化高职院校的人才引进保障机制

高职院校的人才队伍是教学管理创新的重要力量。为了优化高职院校的人才队伍建设，政府需要建立完善的人才引进保障机制，吸引和留住优秀人才投身于高职院校的教学管理创新事业。

政府可以制定相关政策，提高高职院校教师的薪资待遇和福利水平。高职院校教师的薪资待遇和福利水平是吸引和留住优秀人才的重要因素。政府可以加大对高职院校教师的薪资支持和津贴补贴，建立完善的福利保障体系，吸引和留住更多的优秀人才投身于高职院校的教学管理创新事业中。

政府可以建立优秀人才引进计划，鼓励优秀教师和管理人才来到高职院校。政府可以设立优秀人才引进计划，向国内外知名高校和研究机构招募优秀的教学管理和研究人才。政府可以提供优厚的薪资待遇、住房补贴和其他福利待遇，以及优越的工作环境和研究条件，吸引更多优秀人才来到高职院校工作。

政府可以加强高职院校人才队伍的培训和发展，提高人才的综合素质和创新能力。政府可以设立专项经费，支持高职院校教师和管理人才的培训和学术交流活动，提高他们的专业技能和教学管理水平。政府还可以鼓励高职院校教师和管理人才参加学术研讨会和国际交流活动，拓宽视野，提高人才的创新能力和国际竞争力。

三、完善针对高职院校的监督与评估

在教学管理进程中，政府对于高职院校的监督与评估起着至关重要的作用。政府应建立健全高职院校的监督评估制度，包括定期自评、专家评审、社会评价等多维度评估体系，确保评估结果客观公正。

（一）制定评估指标体系

在制订评估指标体系时，政府部门应与高职院校、企业、行业协会等多方共同参与，以确保指标体系具有针对性和实用性。例如，根据各专业领域的发展趋势，制定相应的课程标准、教学方法和实践教学要求。此外，指标体系应具备动态性，适时调整以适应高职教育发展的需求。

（二）定期自评

要求高职院校定期进行自我评估，通过内部审查、教学观摩等方式，全面了解学校的教学管理现状。自评报告应包括学校在教学、科研、师资等方面的优势与不足，提出改进措施，并上报政府相关部门。

（三）专家评审

组织专家组对高职院校进行现场评审，专家组成员应具备一定的行业背景和教育经验。评审过程中，专家组可以参观教学设施、听课、查阅教学材料等，全面了解学校的教学质量。此外，专家组还可与学校师生、企业代表等进行座谈，收集各方意见，为评估提供更多参考。

（四）社会评价

鼓励社会各界参与高职院校评估工作，为学校提供宝贵的意见和建议。

例如，邀请企业、行业协会等组织对学校的专业设置、课程体系等进行评价；通过调查问卷、网络投票等方式，收集学生、家长、校友等群体的意见，为评估结果提供参考。

（五）评估结果反馈与改进

将评估结果及时反馈给高职院校，要求学校认真分析问题，制定整改措施。同时，政府部门应对学校的整改情况进行跟踪监督，确保评估结果落地生根。

四、推动高职院校与产业的深度融合

随着经济的发展，我国对人才的需求也在不断升级。政府对于高等职业教育的关注日益加强，因此政府要推动高职院校与产业的深度融合已成为我国职业教育改革的重要命题。

高职院校与产业的深度融合可以为我国经济发展提供有力支撑。当前，我国正面临着产业结构调整和升级的关键时期，劳动力市场对于技能型人才的需求日益旺盛。高职院校作为技术技能型人才的重要培训基地，需要紧密结合产业发展需求，培养符合市场需求的人才。政府通过推动高职院校与产业深度融合，可以有效提高人才培养的针对性和实效性，从而为我国产业结构升级提供有力人才支撑。

要实现高职院校与产业深度融合，政府首先需要引导高职院校调整专业设置和课程体系。高职院校应根据产业发展趋势，及时调整专业设置，强化与产业对接。例如，随着新能源汽车产业的快速发展，政府可以引导高职院校开设新能源汽车维修、充电设施建设等相关专业，培养符合产业发展需求的技能型人才。政府还应推动高职院校改革课程体系，加强实践教学，提高学生的实际操作能力。其次，政府应支持高职院校与企业建立产教融合的实践基地。政府可以通过政策引导、财政资助等手段，鼓励高职院校与企业共建实训基地，提供实习实训场所和设施。例如，部分汽车制造相关高职学校与当地一家大型汽车制造企业共建了实训基地，为学生提供了丰富的实践机会，使他们能够在实际工作环境中提高技能水平，增强实践经验。同时，政府还应推动企业参与高职院校的人才培养和课程建设。政府可以通过税收优惠政策支持等措施，鼓励企业与高职院校开展合作，共同制定课程计划、实训项目、实习实践等，使企业需求与高职教育紧密衔接。例如，高职院校与网络安全企业开展合作，企业派出专业技术人员参与课程建设、实训项目设计及指导，为学生提供最新的技术知识和实践技能培训，提高学生的就业竞争力。

总之，政府推动高职院校与产业的深度融合具有重要的现实意义。通过调整专业设置、课程体系，支持建立产教实践基地、推动企业参与人才培养和课程建设、完善交流机制、强化教师队伍建设等措施，政府可以有效促进高职院校与产业的深度融合，为我国经济发展培养更多符合产业需求的技能型人才。这将有力推动我国产业结构升级，提高国际竞争力，助力实现经济高质量发展。

第三节　学校贯彻执行

一、优化专业设置和课程体系

政府通过对职业教育的研究和分析，对高职院校的专业设置提出了明确要求。高职院校应结合国家产业政策和地方产业发展需要，调整专业布局，确保人才培养与产业需求相适应。可以说，优化专业设置和课程体系是高职院校提升人才培养质量、满足社会经济发展需求的关键。通过优化专业设置和课程体系，有利于高职院校培养更符合产业发展需求的技能型人才，为国家经济发展提供有力人才支撑；有利于提高高职院校的人才培养质量，提升学生的就业竞争力；有利于提升高职院校人才培养效果，培养更多具备创新精神和实践能力的技能型人才。

在专业设置方面，要根据国家产业政策、地方产业发展需求，调整专业布局，适应产业发展需求。要与企业共建专业，充分利用企业资源，为学生提供实践锻炼机会。还应定期评估专业设置效果，发现问题及时进行调整，确保专业设置与产业发展紧密结合。

在课程体系方面，要适当调整，如增加实践性强、与企业需求紧密相关的课程，提高学生的实际操作能力和实践经验。要与企业共建课程，引入企业实际案例，邀请企业技术人员参与课程设计和教学，使课程内容更贴近实际需求，提高课程实用性。要将实践教学贯穿课程体系，增加实训、实习、实践课程比例，促进学生在实践中学习和成长。同时，鼓励教师参与企业实践，提高教师的实践教学能力。要在课程体系中融入创新精神与创业能力培养，鼓励学生在学习过程中开展创新实践活动，培养学生具备创新思维和创业能力。当然，还可以根据课程特点和学生需求，采用灵活多样的教学方式，如翻转课堂、项目式教学、在线教学等，提高教学效果，激发学生学习兴趣。

总之，高职院校按照政府要求优化专业设置和课程体系，具有重要意义。通过结合产业发展趋势调整专业布局、与企业合作开展专业设置、定期评估专业设置效果、加强课程改革、与企业共建课程、强化师生实践能力培养、融入创新精神与创业能力培养、采用灵活的教学方式等措施，高职院校可以更好地满足社会经济发展需求，提升人才培养质量，为国家经济发展和社会进步贡献力量。

二、加强教师队伍建设

政府规定强调加强高职教师的培训和实践锻炼，提高教师的教育教学水平。高职院校应充分利用国家和地方提供的培训资源，积极组织教师参加各类培训活动，提升教师的专业素质。还应鼓励教师到企业进行实践锻炼，增强与产业的对接，以提高教师的实践能力。

高职院校应加大师资培训力度，定期组织教师参加教育教学、专业知识和实践技能等方面的培训，提升教师的综合素质和教育教学能力。同时，鼓励教师到企业进行实践锻炼，增强与产业的对接，以提高教师的实践能力。

高职院校应建立健全教师激励机制，将教师的教学成果、科研成果、实践能力等纳入绩效考核体系，给予优秀教师相应的奖励和表彰。此外，还可以通过提供职称晋升、培训机会、优越的工作环境等方式，激发教师的工作热情和创新精神。

高职院校应支持教师参与学术研究和产业项目，促进教师的专业发展。同时，鼓励教师开展校企合作，参与企业实践，提高教师的实践能力和教育教学水平。

高职院校应提高教师招聘标准，选拔具备较高学术水平、丰富实践经验和良好教育教学能力的教师。在招聘过程中，应重视教师的综合素质，兼顾学术背景、实践能力和教育教学经验。

三、完善内部管理与质量监控

高职院校完善内部管理与质量监控是提升教育教学质量，保障人才培养水平，优化教学管理的重要手段。

第一，高职院校应建立健全内部管理体系，明确各部门、各岗位的职责和权力，实现管理的规范化、制度化和程序化。同时，要加大对管理制度的执行力度，确保各项规定得到有效执行。

第二，高职院校应建立健全教育教学质量管理体系，明确质量管理的目标、标准和要求。要对课程设置、教学过程、实践环节、学生评价等方面进行全面质量监控，发现问题及时进行整改。

第三，高职院校应设立教育教学质量评估机制，定期进行自评、他评和专家评估。评估结果应向全校师生公开，接受师生监督，以便持续改进教育教学工作。

第四，高职院校要鼓励师生参与内部管理和质量监控，建立健全师生参与管理的渠道和机制。通过民主管理、教代会等方式，听取师生意见和建议，实现管理与质量监控的民主化和公开化。

第五，高职院校应加强信息化建设，利用信息技术手段，建立内部管理与质量监控信息平台。通过信息平台实现信息的共享、传递和反馈，提高管理与质量监控的效率和准确性。

第六，高职院校要强化责任追究，对于管理失职、质量问题等情况，要严格追究相关责任人的责任，形成教育教学质量严管的良好氛围。

第七，高职院校应开展国际交流与合作，引入国际先进的教育教学理念和质量管理经验，提升内部管理与质量监控水平。

第四节　教师以身作则

一、优化教学目标制定过程

教学目标的制定是教学设计中的重要环节，它对高职院校教学管理的优化具有至关重要的作用。教师要根据课程特点和学生需求，明确教学目标，确保教学内容符合专业发展趋势和产业需求。在制定教学目标时，需要注意以下几点。

教学目标应该具体明确。具体的教学目标有利于帮助学生更好地理解教学内容，提高学习效果。教学目标应该包括具体的内容、学习要求、技能等，同时需要与课程内容和学生水平相匹配。教师可以将教学目标分解成几个具体的小目标，以便学生更好地理解和掌握。

教学目标应该是可衡量的。教师需要设定合适的评估标准，以确保教学目标能够被准确地衡量和评估。在教学过程中，教师需要不断检查学生的学习情况，及时调整教学策略，确保学生能够达到预期的教学目标。

教学目标需要与专业发展趋势和产业需求相符合。随着社会和经济的不断发展，各行各业的专业发展趋势和产业需求也在不断变化。教师需要密切关注专业领域的发展趋势和产业需求，及时调整教学目标和内容，以确保学生能够具备适应未来发展需要的能力。

教学目标是教学设计的重要组成部分，对教学效果的影响不可忽视。教师在制定教学目标时，需要考虑课程特点和学生需求，确保教学目标具体明确、可衡量，同时与专业发展趋势和产业需求相符合。这有助于提高学生的学习效果和综合素质，更好地满足未来的发展需要。

二、扩充教学方法与课堂互动形式

教师还需要采用多样化的教学方法，以满足不同学生的学习需求和教学目标的要求。例如，在某些课程中，讲授可能是最有效的教学方法，但在其他课程中，实践教学或项目式教学则更具有挑战性和可行性。此外，教师还可以引入翻转课堂等新型教学方法，使学生更加主动地参与学习过程。

教师应该关注课堂互动，以鼓励学生积极参与课堂讨论、提问和展示。例如，教师可以设置小组讨论，让学生在小组内互相讨论并交流想法，然后再在整个班级中展示和讨论他们的发现和结论。教师还可以通过提出开放性问题、引导学生进行角色扮演和案例分析等方式，促进学生的互动和思考。

同时，教师需要善于引导、倾听和反馈，确保课堂互动的有效性。教师可以使用各种评估工具，例如小测验、评估表等，以监测学生的学习进展。教师还可以通过课堂反馈和问卷调查等方式，收集学生的意见和建议，并及时对教学过程进行调整和优化。

三、严格教学质量监控

除了政府和学校要从宏观层面对教师进行监管之外，教师也要自主建立教学质量监控机制，对于自己日常的教学内容、教学方法和教学效果进行定期评估和反思。针对评估结果，教师要及时调整教学策略，持续改进教学工作。具体而言，教师可以从以下几方面对自己的教学工作进行定期评估和反思，以便及时调整教学策略，持续改进教学工作。

教师要关注教学内容的质量。这包括对教材的选择、课程内容的编排、案例的选取等方面进行审查。教师应该确保教材内容与课程目标、学科发展和产业需求相适应，具有时代性、前瞻性和实用性。同时，教师要定期更新教学内容，关注学科发展动态，将最新的理论成果和实践经验融入教学过程，提高教学内容的质量。

　　教师要关注教学方法的质量。这包括对教学方法的选择、课堂组织、学生参与等方面进行审查。教师应该根据课程特点和学生需求，采用多样化的教学方法，如讲授、讨论、案例分析、实践教学、项目式教学、翻转课堂等，提高教学效果。同时，教师要善于组织课堂，激发学生学习兴趣，鼓励学生积极参与教学过程，培养学生的思考能力、沟通能力和团队协作能力。此外，教师还要注重教学方法的创新，不断尝试新的教学方法，以适应不断变化的教育环境。

　　教师要关注教学效果的质量。这包括对学生的学习成果、实践能力、创新精神等方面进行审查。教师应该定期收集学生的学习反馈，了解学生的学习进度、困惑和需求，对教学效果进行评估。同时，教师要关注学生的个体差异，针对不同学生制定个性化的教学策略，帮助学生充分发挥潜能，提高学习成果。此外，教师还要关注学生的实践能力和创新精神培养，以便更好地促进学生的综合素质发展。

第十章　高职院校教学管理突破与创新

第一节　"刚性"到"柔性"的转变

一、高职院校教学管理"刚性"到"柔性"转变的意义

高职院校教学管理从"刚性"到"柔性"的转变，意味着教学管理从过去的严格规定、刻板执行逐渐向灵活调整、因地制宜的方向发展。这种转变具有重要意义。

（一）有利于提升教学质量

柔性教学管理强调因材施教，充分考虑学生的个体差异和需求，有利于激发学生的学习兴趣，提高学生的学习效果。同时，教师能够根据教学实际情况灵活调整教学方法、教学内容，更好地满足学生的学习需求，从而提升教学质量。

（二）有利于培养创新人才

柔性教学管理鼓励学生发挥主动性、探索性，培养其独立思考、解决问题的能力。这有助于培养具有创新精神和实践能力的高素质技能型人才，更好地适应社会和产业发展的需求。

（三）有利于提高教育教学满意度

柔性教学管理注重学生和教师的主体地位，尊重他们的意愿和需求。这有助于提高学生对教育教学的满意度，激发教师的教育教学热情，促进学校、教师和学生之间的良性互动，形成积极向上的教育教学氛围。

（四）有利于适应社会发展需求

随着社会经济的快速发展，产业结构和就业市场不断变化，对人才的需求也在发生变化。柔性教学管理能够及时调整专业设置、课程体系等，更好地适应社会发展的需求，为经济社会发展提供人才保障。

（五）有利于促进教育改革

柔性教学管理有助于推动高职教育教学改革，鼓励教师探索新的教学方法、教学理念，推动教育教学实践的不断创新。同时，柔性教学管理也有助于培养学生的创新意识和团队协作能力，为社会培养更多具备创新精神和协作精神的人才。

二、高职院校教学管理"刚性"到"柔性"转变的路径

高职教育是培养高素质技能型人才的重要途径，而教学管理的刚性化往往会限制教学效果的提高和人才培养的多样化。因此，高职院校需要逐步实现教学管理的柔性化，以更好地满足学生的学习需求、促进人才培养和适应社会发展的需求。

（一）改变管理观念

要转变高职教学管理观念，在当今社会，人们逐渐认识到，尊重学生的

个性和特点，根据他们的需求和兴趣进行因材施教，对提高教育质量具有更为重要的意义。所以要从严格的、一刀切的管理方式转向尊重学生个体差异、因材施教的柔性管理。这需要管理者树立以学生为本、以教育质量为核心的教育理念，关注学生的需求和发展，为学生提供个性化、差异化的教育服务。

1. 以学生为本

高职教育的最终目标是培养学生成为具备实际工作能力和创新精神的技能型人才。因此，教育管理者需要关注学生的需求和发展，将学生置于教育的核心位置，从学生的角度出发进行教学管理。这意味着在制定教学计划、课程设置、教学方法等方面，都要充分考虑学生的意见和建议，确保教学活动符合学生的实际需求。

2. 个性化、差异化教育

每个学生都有自己独特的兴趣、特长和学习方式，因此，高职教学管理需要摒弃"千篇一律"的教学模式，推行个性化、差异化的教育。具体来说，可以在课程设置、教学方法、评价方式等方面进行改革，使之更加适应学生的个体差异。例如，实行选修制度，让学生根据自己的兴趣和特长选择课程；采用多元化的教学方法，满足不同学生的学习需求；建立灵活的评价体系，评价学生的知识、技能和态度等多方面表现。

3. 鼓励学生参与

改变管理观念还意味着要鼓励学生参与教学管理的过程，让他们成为教育教学活动的主体。学生参与教育教学的过程，有助于培养他们的自主学习能力、团队协作能力和创新精神。具体措施包括开展学生评教、建立学生建议箱、组织学生参与教学研讨等。这样，教育管理者可以更好地了解学生的需求，及时调整教学策略，提高教育教学质量。

（二）优化课程体系

根据社会和产业发展需求，及时调整专业设置和课程结构，加强课程的实践性和应用性。推行模块化、项目化教学，鼓励学生根据自己的兴趣和特长选择课程，提高课程的针对性和实效性。

1. 及时调整专业设置和课程结构

根据社会和产业发展动态，高职院校应当定期对专业设置和课程结构进行审视，对不符合市场需求的专业和课程进行调整或取消，增设新兴产业领域的专业和课程。例如，随着新能源汽车产业的快速发展，可以增设新能源汽车技术与维修专业，培养相关领域的技能型人才。

2. 加强课程的实践性和应用性

高职教育的核心是培养具备实际操作能力的技能型人才，因此，在课程设置上应强调实践性和应用性。具体做法包括在课程中增加实验、实训、实习等环节，让学生在实际操作中掌握技能；与企业合作，邀请行业专家为学生授课，使课程内容紧密贴合实际需求。

3. 推行模块化教学

模块化教学是指将课程分为若干个相对独立的模块，学生可根据自己的兴趣和特长选择相应模块进行学习。例如，一门软件开发课程可以分为前端开发、后端开发、数据库管理等模块，学生可根据自己的兴趣选择合适的模块进行深入学习。这样，学生可以更有针对性地提高自己的技能，提高课程的实效性。

4. 推行项目化教学

项目化教学是指将实际项目引入课堂教学，让学生在完成项目的过程中掌握知识、技能。例如，在一门机械制造课程中，教师可以设计一个机械零件的制造项目，要求学生从设计、加工到检测等环节亲自动手完成，从而培养他们的实际操作能力和团队协作精神。

（三）建立学生评价体系

建立高职院校多元化、全面的学生评价体系，重视学生的过程性评价，关注学生在知识、技能、态度等方面的表现。评价结果应作为教学改进的依据，促使教师调整教学策略，提高教学质量。

1. 多维度评价

传统的评价体系往往过于关注学生的考试成绩，忽略了他们在其他方面的表现。建立多元化、全面的评价体系应当从多个维度对学生进行评价，如学术表现、技能应用、团队协作、创新能力等。这样能更全面地了解学生的综合素质，为学生提供更有针对性的指导。

2. 过程性评价

除了对学生的最终成果进行评价，还应重视学生的学习过程，关注他们在学习、实践、合作等过程中的表现。例如，可以通过课堂参与度、作业完成情况、实验报告等方面对学生进行评价，以促使他们在学习过程中不断提高。

3. 自我评价与互评

鼓励学生进行自我评价和互评，有助于提高他们的自主学习能力和团队协作精神。自我评价让学生反思自己的学习过程，了解自己的优缺点；互评则让学生从他人角度审视自己，接受同伴的意见和建议。这两种评价方式可以有效促进学生的成长和进步。

4. 结果与过程相结合

在评价体系中，既要关注学生的最终成果，也要重视他们的学习过程。这意味着，在评价学生时，要综合考虑他们的考试成绩、课程表现、实践能力等多方面因素，确保评价结果的公正性和客观性。

5. 反馈与改进

评价结果应作为教学改进的依据，促使教师及时调整教学策略，提高教学质量。为实现这一目标，教师应根据评价结果，分析学生的学习情况和问题，制定相应的教学措施。此外，学生的评价结果也可以作为他们个人成长的参考，帮助他们了解自己的优势和不足，制定合适的学习计划。

（四）加强师资培训

加强对教师的培训，提升教师的专业素养和教学能力。定期组织教师参加教育教学研讨会、培训班等活动，分享教学经验，了解教育教学改革动态，增强教师的教育教学创新意识。

1. 制定培训计划

高职院校应制定长期的师资培训计划，明确培训的目标、内容、形式和周期，确保培训工作的有序进行。培训内容应涵盖教育教学理念、教学方法、课程设计、学生评价等方面，以满足教师在教育教学改革中的需求。

2. 定期组织教育教学研讨会

高职院校可以定期组织教育教学研讨会，邀请教育专家、优秀教师等分享教学经验和教育教学改革动态。教师参加研讨会，既可以拓宽自己的专业视野，也能增强教育教学创新意识。

3. 参加培训班

鼓励教师参加教育部门、行业协会等组织的培训班，学习先进的教育教学理念和方法。例如，教师可以参加"高职教育教学改革与创新"培训班，了解教育教学改革的最新动态和实践，提高自己的教育教学能力。

4. 学术交流与合作

高职院校应积极开展学术交流与合作，与其他院校、企业、研究机构建立合作关系，共同探讨教育教学改革的问题与对策。教师参与合作项目，可以获得更多的教育教学资源和支持，提高自己的专业素养。

5. 专业技能提升

高职教育强调实践性和应用性，因此，教师除了具备较高的教育教学水平外，还需要具备一定的专业技能。高职院校应关注教师的专业技能培训，如组织教师参加企业实习、技能培训等活动，以提高教师的专业技能水平。

第二节 传统管理模式到信息管理模式的转变

一、高职院校教学管理由传统管理向信息管理转变的意义

高职院校教学管理由传统管理向信息管理转变，意义重大。信息管理可

在提高管理效率、增强教学效果、优化教学流程、提高管理科学化和规范化水平等方面发挥作用，更好地满足学生的学习需求和教育机构的管理需求，推动高职教育的质量和效益不断提高。因此，在信息技术不断发展和普及的今天，高职院校应积极拥抱信息管理，不断推进教学管理的数字化和智能化，提高教育教学质量和竞争力，适应新时代高职教育的需求。

（一）有利于提高管理效率

通过信息管理系统，高职院校可以实现对各种教学资源、设施、人员和活动的实时监控，降低了出现错误和延误的可能性。信息管理还可以减轻教师和管理者的日常工作负担，使他们更加专注于教学和研究工作。例如，高职院校采用信息管理系统时，可实现对学生考勤、成绩、课程安排等信息的自动化处理。通过系统，教师可以快速获取学生的出勤情况和学业表现，节省了大量人工统计的时间，提高管理效率。

（二）有利于优化资源配置

信息管理可以帮助高职院校建立一个统一的资源平台，实现资源的共享和互联互通。这样，教师和学生可以更便捷地获取所需资源，进一步提高学习效果。信息管理系统还可以分析资源使用情况，为资源的优化配置提供参考。例如，高职院校可利用信息管理平台，将教学资源、实验室设备等统一纳入系统进行管理。通过平台，学生可以预约实验室资源，教师可以调整课程安排，使资源得到更合理地分配和利用。

（三）有利于个性化教学支持

信息管理系统可以收集和分析学生的学习数据，帮助教师识别学生的个性化需求，为他们提供更加精准的学习建议。此外，信息管理系统还可以根据学生的兴趣和特长，为他们推荐合适的课程和活动，进一步提高教学针对性。例如，高职院校的信息管理系统能够根据学生的学习成绩和兴趣推荐合适的课程。如对于在计算机编程方面表现出特长的学生，系统会推荐他们学习更高级的编程课程，以便进一步发挥他们的潜力。

（四）有利于数据驱动决策

信息管理系统可以为教育管理者提供丰富的数据报告和可视化工具，帮助他们更直观地了解教育教学状况，从而作出更加明智的决策。数据驱动决策还可以促进高职院校之间的比较和竞争，进一步提升教育教学质量。例如，高职院校的管理者可利用信息管理系统收集到的数据发现，院校内某专业课程的通过率持续低于平均水平。然后便可经过对课程内容、教学方法等方面的分析，而对该课程进行改革，提高教学质量。

（五）有利于提升教育透明度

通过信息管理系统，各方利益相关者可以随时查看教育教学数据，了解学校的教学状况和学生的学习进展。这种透明度有助于增强家长、学生和社会对高职院校的信任，提高高职教育的社会认可度。例如，高职院校的信息管理系统中，学生和家长可以实时查看学生的出勤、成绩和课程表等信息。这种透明度有助于家长了解孩子在校的学习状况，促使学生更加自觉地投入学习。

（六）有利于激发创新能力

信息管理系统可以为教师和学生提供丰富的在线资源和工具，激发他们的创新思维。例如，教师可以借助信息管理系统开展在线教学、远程协作等新型教学活动，而学生则可以参与在线竞赛、项目合作等创新实践。例如，高职院校的信息管理系统能够给学生提供一个在线创新创业平台。在该平台上，学生可以自主选择感兴趣的项目，与其他学生组队进行合作。这种实践机会不仅帮助学生提高实际操作能力，还培养了他们的团队协作和创新能力。

二、高职院校教学管理由传统管理到信息管理转变的路径

高职院校教学管理从传统管理模式向信息管理模式转变的路径并非一蹴而就。这个过程需要通过一系列的措施和手段，例如，建设信息化平台、推进数字化教学、培训信息化人才等。通过这些措施，高职院校可以逐步实现教学管理的数字化、智能化和个性化，提高管理效率和教学质量，满足学生和社会的需求。这一转变路径不仅是高职院校教学管理现代化的必经之路，也是高职教育不断发展和进步的重要保障。

（一）确立信息化战略目标

确立信息化战略目标是高职院校实现教学管理信息化转型的前提和基础。在这一过程中，高职院校应当明确信息化在教学管理中的地位和作用，确立信息化战略目标，并将其融入学校的整体发展规划中。具体而言，需要从以下几个方面来展开。

高职院校要明确信息化在教学管理中的重要地位。在现代教育环境中，信息化已经成为提高教育质量、促进学生全面发展的关键因素。借助信息技术手段，可以实现教学管理的高效运作，促进师生互动，提升学生学习体验。因此，高职院校应当将信息化作为提升教学管理水平的关键支柱，将其纳入学校的核心竞争力。

高职院校需要明确信息化在教学管理中的具体作用。信息化可以为教学管理提供便捷、高效的工具和手段，帮助教师更好地进行课程安排、成绩管理、资源共享等工作；同时，信息化还可以为学生提供个性化的学习支持，提高学习体验和效果。此外，信息化还可以促进学校与社会、企业的深度融合，拓宽学生的就业渠道，提高学生的就业竞争力。

高职院校要制定合理的信息化战略目标。信息化战略目标应当结合学校的实际情况，明确指导信息化工作的方向和重点。这些目标应当具有可衡量性、可操作性和可持续性，以便对信息化工作进行有效的评估和调整。同时，

信息化战略目标还应当体现学校的特色和优势，以实现学校在信息化领域的独特竞争力。

高职院校要将信息化战略目标融入学校的整体发展规划。学校的整体发展规划应当以信息化战略目标为基础，明确学校在人才培养、科研创新、社会服务等方面的具体任务和指标。在这个过程中，学校要加强对信息化工作的组织领导，明确相关部门和人员的职责，保障信息化工作的顺利推进。

高职院校还要关注信息化战略目标的实施和评估。实施信息化战略目标需要学校从多个层面进行支持和保障。这包括在政策、经费、技术、人才等方面提供必要的资源。在实施过程中，学校要定期进行项目进度和成果的检查，确保信息化工作按照既定目标稳步推进。同时，学校还要建立健全信息化战略目标的评估机制，通过数据分析和绩效考核，对信息化工作的成效进行客观评价。根据评估结果，学校要不断调整和优化信息化战略目标，使其更加符合学校的实际需求和发展趋势。

高职院校要将信息化战略目标确立为教学管理的重要方向，充分认识信息化在教学管理中的地位和作用，为学校的整体发展提供有力支持。通过制定合理的信息化战略目标，积极推动信息化工作的实施和评估，高职院校可以实现教学管理的信息化转型，提升教育教学质量，为培养具备高素质技能的应用型人才作出贡献。

（二）完善信息基础设施

完善信息基础设施是高职院校实现教学管理信息化的重要基础。通过建设校园网络、服务器、数据库等信息基础设施，可以确保信息系统的稳定运行，为教学管理提供可靠的技术支持。在此基础上，高职院校还需要增强网络安全意识，保障信息系统的安全和可靠。

高职院校要制定全面的信息基础设施建设规划。这一规划应当根据学校的实际需求和发展目标，明确信息基础设施建设的具体内容、进度和预期成果。在规划过程中，学校要关注网络覆盖范围、带宽资源、硬件设备等方面的需求，确保信息基础设施建设的全面性和系统性。

高职院校要重视信息基础设施的硬件建设。这包括投入足够的经费，采购高性能的服务器、数据库、交换机等硬件设备，以满足教学管理信息化的基本需求。同时，学校还要保障信息基础设施的升级和维护，确保设备能够适应不断变化的信息技术环境。

高职院校要关注信息基础设施的软件建设。这包括开发和采购适合高职院校特点的教学管理软件、平台和应用，以提高教学管理的效率和便捷性。此外，学校还要关注软件的兼容性和可扩展性，确保软件能够满足不同场景和需求的应用。

高职院校要加强校园网络的建设。校园网络是信息基础设施的核心组成部分，直接影响到信息系统的运行效果。学校要保障校园网络的覆盖范围、带宽资源和接入速度，满足师生在教学、科研、管理等方面的网络需求。同时，学校还要注重校园网络的安全和稳定性，确保网络在各种情况下都能够正常运行。

在完善信息基础设施的过程中，高职院校还要增强网络安全意识。网络安全是信息基础设施建设的重要保障，关系到信息系统的安全和可靠。学校要建立完善的网络安全管理制度，明确网络安全的责任主体、工作程序和应急预案。同时，要定期开展网络安全检查和漏洞修复，防范网络攻击和病毒传播。此外，学校还要加强师生的网络安全教育，增强大家的网络安全意识，从而确保信息系统的安全和可靠。

综上所述，高职院校在完善信息基础设施方面，要从制定全面的建设规划、重视硬件和软件建设、加强校园网络建设以及增强网络安全意识等多个方面进行努力。只有确保信息基础设施的稳定运行和安全性，才能为教学管理信息化提供有力的支持，推动高职院校的持续发展。

（三）选择或开发合适的信息管理系统

高职院校在实现教学管理信息化的过程中，选择或开发合适的信息管理系统至关重要。这将有助于提高教学管理的效率、降低管理成本，以及优化教育资源配置。高职院校可以根据自身需求，选择市场上现有的教学管理系统，或者自主开发适合自己的信息管理系统。关键是要保证系统功能全面、操作简便、易于维护升级。具体而言，需要从以下几个方面来展开。

高职院校要充分调研和分析自身的教学管理需求。这包括了解学校的管理规模、管理流程、管理制度等方面的具体情况，以便在选择或开发信息管理系统时，能够更加精准地满足学校的实际需求。在调研过程中，学校还要充分征求师生、管理人员等各方的意见和建议，确保信息管理系统能够满足各方的期望。

高职院校在选择或开发信息管理系统时，要关注系统的功能完备性。一个优秀的教学管理系统应当涵盖课程管理、学生管理、教师管理、考试管理、实践教学管理等多个模块，以满足高职院校在不同管理领域的需求。此外，学校还要关注系统的可扩展性和可定制性，以便在未来发展过程中，能够适应新的管理需求和挑战。

高职院校要重视信息管理系统的易用性和操作便捷性。一个好的教学管理系统应当具备简洁明了的界面设计、直观的操作流程，以及丰富的在线帮助资源，以便师生和管理人员能够快速上手并有效使用。同时，学校还要关注系统的兼容性和稳定性，确保系统能够在不同设备、平台和网络环境下正常运行。

高职院校在选择或开发信息管理系统时，要注重系统的维护和升级。学校要建立健全的系统维护机制，定期进行系统检查、故障排查和漏洞修复，以保障系统的稳定运行。同时，学校还要关注信息技术的发展动态，及时对系统进行升级和改进，以满足教学管理不断变化的需求。

综上所述，高职院校在选择或开发合适的信息管理系统时，需从多个方面考虑。要充分调研和分析自身的教学管理需求，以便更加精准地满足学校的实际需求。要关注系统的功能完备性、可扩展性和可定制性，以满足高职院校在不同管理领域的需求。要重视信息管理系统的易用性和操作便捷性，确保系统能够在不同设备、平台和网络环境下正常运行。还要注重系统的维护和升级，建立健全的系统维护机制，并及时关注信息技术的发展动态，对系统进行升级和改进。

总之，通过选择或开发合适的信息管理系统，高职院校能够实现教学管理信息化，从而提高教学管理的效率、降低管理成本，以及优化教育资源配置。这对于推动高职院校的持续发展具有重要意义。

（四）推动教学管理流程的信息化改革

推动教学管理流程的信息化改革对于高职院校具有重要意义。通过将各项业务纳入信息管理系统，高职院校能够实现教学管理的高效运行，提升管理质量，同时为教师和学生提供更为便捷的服务。

通过信息化改革，可以实现课程安排的优化。信息管理系统可以帮助高职院校分析学生需求、教师资源、教室资源等各方面因素，从而合理安排课程，避免资源浪费和课程冲突。此外，信息系统还能够自动更新课程表，为教师和学生提供实时课程信息，方便调整和查询。

信息化改革有助于提升成绩管理的效率和准确性。通过信息管理系统，教师可以方便地录入、修改和查询学生的成绩，同时系统还可以自动进行统计分析，为教学评估提供数据支持。此外，信息系统还能够实时推送成绩信息给学生，方便学生了解自己的学习状况，及时调整学习策略。

信息化改革有助于实现教育资源的高效利用。通过建立资源共享平台，教师可以方便地上传、下载和分享教学资料、课件、试题等资源，从而提高教学质量。学生也可以通过平台获取丰富的学习资源，拓展知识面，提升自主学习能力。

信息化改革有助于实现教学管理的协同与沟通。通过信息管理系统，教师之间可以方便地进行教学经验交流和教研活动，提升教学水平。同时，教师和学生之间的沟通也能得到加强，有利于及时解决学习问题，促进学生全面发展。

综上所述，高职院校推动教学管理流程的信息化改革具有重要意义。通过实现教学管理的自动化和标准化，可以提升教学质量，促进资源优化配置，加强教育协同与沟通，从而为高职院校的发展提供有力支持。

（五）提高教职工的信息素养

提高教职工的信息素养对于高职院校实现教学管理信息化至关重要。通过开展信息技术培训和建立教师之间的信息技术交流机制，可以确保教职工熟练运用信息管理系统，从而提升教学管理的效率和质量。

开展针对性的信息技术培训是提高教职工信息素养的关键途径。高职院校可以结合实际需求，制定详细的培训计划和内容，包括基础信息技术知识、信息管理系统操作技能、网络安全意识等。培训形式可以多样化，如线上课程、线下讲座、实践操作等，以适应不同教职工的学习需求。

搭建信息技术学习交流平台有助于教职工持续提升信息素养。高职院校可以创建在线交流群组或论坛，鼓励教职工分享信息技术相关的经验、资源和案例，促进知识共享和技能传承。此外，学校还可以定期举办信息技术研讨会或专题报告，邀请专家、学者分享前沿理论和实践经验，激发教职工学习的积极性。

建立教职工的信息技术能力评价机制，有助于提高教职工的信息素养。学校可以设立信息技术水平考核，将信息技术能力作为教职工职务晋升、绩效评估等方面的重要依据。通过定期考核，教职工将更加重视信息技术能力的培养，从而促使他们不断提升自身信息素养。

注重实践运用是提高教职工信息素养的有效途径。学校应鼓励教职工在日常教学管理工作中广泛应用信息技术，将理论知识转化为实际操作能力。此外，学校还可以设立信息技术创新项目，激发教职工的创新精神，促进信息技术在教学管理中的深度融合。

（六）深化校企合作，推动产教融合

深化校企合作，推动产教融合是高职院校教学管理信息化改革的重要路径。通过与企业建立紧密的合作关系，引进企业先进的信息技术和管理经验，不仅能为高职院校教学管理信息化改革提供技术支持和资源保障，还有助于培养学生的实践能力和应用技能，满足社会对高素质技术人才的需求。

在校企合作中，高职院校和企业可以共同探索创新的合作模式，打破传统的界限，实现资源共享与优势互补。例如，高职院校可邀请企业专家担任兼职教授，引领学术研究与技术应用的新方向；同时，企业也可派遣管理人员参与学校的教学管理改革，分享行业前沿动态和实践经验。为了更好地实现产教融合，高职院校还可以与企业共同开发教育教学软件，将实际工作场景与教学内容相结合，提高课程的实践性和针对性。借助企业的技术优势，打造智能化、个性化的教学管理系统，从而为教师和学生提供便捷高效的信息服务，激发学习兴趣和创新精神。此外，高职院校还应积极参与企业的研发项目，将教学成果与企业需求相结合，促进信息技术在教学管理中的应用和发展。例如，学校可开展与企业合作的科研项目，推动信息管理系统的技术创新和升级，提升系统的功能性、稳定性和安全性。双方还可以共同举办信息技术培训、研讨会等活动，提高教职工的信息素养，为教学管理信息化改革提供强大的人才支持。如此一来，学校与企业将形成密切的利益共同体，实现共同发展和共赢。

总之，深化校企合作，推动产教融合，是高职院校教学管理信息化改革的关键所在。只有将教育教学与实际产业相结合，才能培养出具备丰富实践经验和广泛应用技能的技术型人才

（七）建立健全信息管理制度

建立健全信息管理制度是高职院校教学管理信息化改革的重要保障。通过制定相关的信息管理规章制度，明确信息管理的职责、权限和流程，可以确保

信息管理工作的有序开展，为提升教学质量和培养高素质人才奠定基础。

高职院校应明确信息管理部门的职责和权限，强化其在教学管理中的地位。信息管理部门应负责信息系统的规划、建设、运行与维护，以及对教职工、学生的信息技术培训和支持。同时，应确保教学管理信息的准确性、完整性和及时性，为学校的决策提供数据支持。

制定信息安全制度，强化网络安全意识。高职院校应明确网络安全的管理责任，建立健全网络安全体系，确保信息系统的安全运行。此外，还应开展网络安全教育和培训活动，提高教职工、学生的网络安全意识和防范能力。

完善信息资源管理制度，促进资源共享。高职院校应建立信息资源分类、标准化、评价和更新机制，确保信息资源的质量和实用性。同时，应推广数字化教学资源，利用互联网和移动技术实现资源共享，拓宽学习渠道，提高教学效果。

高职院校应注重信息管理制度的更新和完善。随着信息技术的不断发展和应用需求的变化，学校应定期对信息管理制度进行检视和修订，确保其与时俱进，切实发挥规范和引导作用。

综上所述，建立健全信息管理制度对于高职院校教学管理信息化改革具有重要意义。通过明确职责、强化安全意识、完善资源管理、优化服务流程、激励教职工参与，以及及时更新制度等措施，可以确保信息管理工作的有序开展，为提高教学质量和培养高素质人才提供坚实保障。

第三节 学科隔阂到课程融合的转变

一、高职院校教学管理由学科隔阂到课程融合转变的意义

高职院校教学管理由学科隔阂到课程融合的转变，是适应社会需求和推进高职教育现代化的必然趋势。通过打破传统学科壁垒，实现课程融合，高

职教育可以更好地满足市场需求，培养更符合现代产业发展要求的人才。课程融合不仅可以促进知识交流和跨学科学习，还可以提高学生的综合素质和创新能力，推动教学质量的不断提升。高职院校应积极推进课程融合，推动高职教育的全面发展，助力我国人才培养模式创新和经济社会发展。

在高职院校的教育过程中，学科隔阂曾经是一个普遍存在的问题。传统的教学模式往往过于强调学科的独立性和划分，导致学生学习过程中缺乏对各学科之间关联性的认识，难以形成系统的知识体系。而当今社会的发展越来越呈现出跨界融合、交叉创新的特点，对高职人才提出了更高的要求。因此，高职院校教学管理由学科隔阂向课程融合转变显得尤为重要。

（一）课程融合有助于提升高职教育的培养质量

通过跨学科的课程设置，学生可以从更宽广的视角理解知识，掌握各学科之间的内在联系，从而形成较为完整的知识体系。这对于高职人才的综合素质和创新能力的培养具有积极的促进作用。

（二）课程融合有利于培养学生的跨学科思维能力

在实际工作中，很多问题都不是单一学科所能解决的，需要具备跨学科思维的人才去分析、解决。通过课程融合，学生能够掌握多种学科的知识，提高分析问题和解决问题的能力，更好地适应社会发展的需求。

（三）课程融合有助于拓宽学生的职业发展空间

在当前社会竞争激烈的环境下，具备多元化知识和技能的人才更容易脱颖而出。课程融合使学生能够涉猎不同领域的知识，提高自身综合素质，为未来的职业发展奠定基础。

（四）课程融合有助于提高高职院校的教育资源利用效率

在课程融合的背景下，教师们可以共享教学资源，进行跨学科的合作与交流，共同提高教学质量。这种合作方式有利于充分发挥教师的专长，提高教学资源的利用率，实现教育教学的优化。

（五）课程融合有助于推动高职院校与产业界的紧密合作

在当前产业发展的背景下，各行各业都呈现出跨界融合的趋势。通过课程融合，高职院校可以更好地与产业界合作，将产业发展的需求与教育培训紧密结合，培养更符合市场需求的专业人才。

二、高职院校教学管理由学科隔阂到课程融合转变的路径

高职院校教学管理由学科隔阂到课程融合的转变对于提升学生的综合素质和适应社会需求具有重要意义。接下来将从调整专业设置、改革课程体系、加强教学方法改革等多个方面探讨高职院校实现学科融合的路径，以期为高职院校的教学管理改革提供参考和启示。

（一）调整专业设置

根据产业发展和就业市场的需求，调整专业设置，增加交叉学科专业，使其更符合实际需求。同时，调整课程结构，使课程更具有融合性，体现多学科的交叉与整合。

1. 了解产业发展趋势

高职院校应当关注国内外产业发展趋势，密切关注新兴产业的发展动向，以及对人才的需求变化。通过与产业界、企业界进行深入的沟通与合作，及时掌握行业的最新信息，为专业设置提供依据。

2. 跨学科交叉

在调整专业设置时，高职院校应该重视跨学科交叉，为学生提供更为广泛的知识视野。通过设置交叉学科专业，能够拓宽学生的知识面，使他们更具竞争力，更能适应社会发展的需求。

3. 课程整合与优化

在调整专业设置的同时，高职院校还需对课程结构进行优化。这包括对课程内容的整合、对课程之间的联系和衔接的加强，以及对课程教学方法的改进。这样可以提高课程的融合性，体现多学科的交叉与整合，让学生在学习过程中更好地理解和掌握相关知识。

（二）改革课程体系

推进课程体系的改革，建立以能力为导向的课程体系，将多学科内容纳入同一课程体系，以提高学生的综合素质和跨学科能力。此外，可以推行模块化、项目化教学，使学生能够根据兴趣和需求进行课程选择。具体来说，高职院校在课程体系改革方面可以从以下几个方面进行。

1. 以能力为导向

高职院校应该建立以能力为导向的课程体系，注重培养学生的实际操作能力、创新能力和团队协作能力等。这种课程体系将有助于学生在就业市场上脱颖而出，更好地满足社会对高素质人才的需求。

2. 跨学科课程设计

在课程体系改革过程中，高职院校应将多学科内容融入同一课程体系，促进学科之间的交流与合作。这样，学生在学习过程中不仅能够掌握专业知识，还能提高自己的跨学科综合素质。

3. 模块化教学

推行模块化教学，将课程分为多个模块，让学生根据自己的兴趣和需求选择课程。这种灵活的课程设置方式有利于激发学生的学习积极性，提高学习效果。

4. 项目化教学

实施项目化教学，让学生在实际项目中学习和应用所学知识。项目化教学能够让学生在解决实际问题的过程中提升自己的实际操作能力和团队协作精神，更好地为未来的职业生涯做好准备。

5. 资源共享与合作

鼓励高职院校之间进行教育资源共享与合作，共同开发高质量课程资源。这有助于充分利用教育资源，提高课程开发与教学水平，促进课程体系改革的深入推进。

（三）加强教学方法改革

教学方法是影响学生学习效果和质量的重要因素，高职院校应加强教学方法的改革，以提高学生的综合素质。

1. 推广创新性教学方法

高职院校应推广创新性的教学方法，如案例教学、讨论式教学、翻转课堂等。这些方法能够调动学生的积极性，激发他们的思维活力，从而提高学习效果。

2. 跨学科教学内容与方法

鼓励教师采用跨学科的教学内容和方法，促进学生在不同学科之间建立联系。这样可以拓宽学生的知识面，使他们更好地理解各学科之间的关联性，形成综合素质。

3. 实践教学与理论教学相结合

高职院校应重视实践教学与理论教学的结合，让学生在实际操作中学习和掌握理论知识。这种教学方法有助于提高学生的实际操作能力，培养他们的创新精神和团队协作能力。

4. 信息技术与教学相结合

充分利用信息技术手段，如网络、多媒体等，将其融入教学过程中，提高教学质量和效果。例如，利用在线教育平台开展远程教学、搭建学科资源库等。

5. 跨学科课程项目

组织学生参与跨学科的课程项目，让他们在项目实践中发现各学科之间的联系，提高他们的综合素质和协同合作能力。

（四）促进师生交流与合作

师生之间的交流与合作是提高教育质量的重要途径，高职院校应加强师生交流与合作，鼓励教师和学生在不同学科领域进行合作研究和项目开发。通过多学科合作，可以提高学生的跨学科能力和创新精神。

1. 建立良好的师生沟通机制

高职院校应建立良好的师生沟通机制，促进师生之间的交流。可以通过定期举办学术讲座、研讨会等活动，为师生提供交流的平台和机会。

2. 鼓励师生共同参与科研项目

教师应积极引导学生参与科研项目，让学生在实际研究中锻炼自己的跨学科能力和创新精神。这样，学生不仅能够学到实用的知识和技能，还能培养自己的团队协作能力。

3. 促进学生参与社团活动

高职院校应鼓励学生参与各类学术社团活动，如学术竞赛、创新创业比赛等。通过参与这些活动，学生可以在实际操作中锻炼自己的跨学科能力。

第四节　教学资源单一化到多样化的转变

一、高职院校教学资源由单一化到多样化转变的意义

高职院校教学资源由单一化到多样化转变的意义是多方面的。

（一）多样化的教学资源可以更好地满足学生的多重需求

随着社会的不断发展，学生的背景和需求也日益多元化。通过提供多样化的教学资源，高职院校可以更好地满足不同学生的学习需求，从而更好地提高教育质量和学生的满意度。

（二）多样化的教学资源可以促进师生之间的互动和合作

不同的教学资源可以吸引不同类型的学生，促进他们之间的交流和合作。这有助于创造积极的学习环境，鼓励学生更加积极地参与课堂活动。

（三）多样化的教学资源可以促进教学方法的创新和提高教学效果

教师可以利用各种教学资源来设计不同的课程和教学活动，从而提高课堂的活跃度和学生的学习效果。这种创新和多样化也有助于提高教师的教学能力和创造力，从而为高职院校的发展注入更多的活力。

（四）多样化的教学资源可以提高高职院校的竞争力和声誉

作为教育机构，高职院校的声誉和吸引力与其教学质量和教学资源的多样化程度密切相关。通过提供多样化的教学资源，高职院校可以增强自己的竞争力，吸引更多的学生和优秀的教师，从而提高自己的声誉和影响力。

二、高职院校教学资源由单一化到多样化转变的路径

高职院校教学资源由单一化到多样化的转变是一个渐进的过程，需要在不断探索和尝试中逐步实现。

（一）调查学生需求和意愿

高职院校教学资源的多样化对于满足学生的多元化需求和提高教育质量具有重要意义。而调查学生需求和意愿是推进教学资源多样化的重要一步，因为只有了解学生的需求，才能更好地满足他们的学习需求和兴趣爱好，从而提高教育教学的效果。

问卷调查是了解学生需求和意愿的常用方式之一。高职院校可以在学期初或期末，通过发放问卷的方式，向学生征求对教学资源的需求和反馈意见。问卷可以针对学科、专业或某一具体课程，包括学生对授课教师的评价、对

教材的反馈、对教学内容的期望等。通过问卷调查，高职院校可以获得大量的学生反馈信息，以便更好地了解学生的需求和意愿。除了问卷调查，高职院校还可以通过个别访谈的方式了解学生的需求和意愿。个别访谈可以深入了解学生的学习背景、特长、兴趣爱好、职业规划等方面的信息。这种方式可以更加准确地了解学生的需求和意愿，帮助高职院校更好地提供个性化教育服务。

通过了解学生的需求和意愿，高职院校可以更好地调整和优化教学资源，提供更多样化的教学内容和方法。例如，对于对网络教学感兴趣的学生，高职院校可以加强网络教学资源的开发和推广，提供在线学习平台和多媒体教学资源；对于对实践课程有需求的学生，高职院校可以建设实验室、实训基地等，提供更好的实践教育资源。通过提供更多样化的教学资源，高职院校可以更好地满足学生的需求和意愿，提高教育教学的效果和质量。

（二）建设多媒体教室和实验室

高职院校教学资源多样化的重要性日益凸显，建设多媒体教室和实验室是其中的重要一步。多媒体教室和实验室不仅可以提供更加多样化的教学资源，也能够更好地满足学生的学习需求，提高教育教学的效果和质量。

建设多媒体教室，是高职院校实现教学资源多样化的重要途径之一。多媒体教室是一种集信息技术、通信技术和教育技术于一体的教学资源，可以支持多种教学方式，如网络课程、远程授课、互动教学等。多媒体教师可以通过使用电子白板、投影仪、电脑等设备，呈现丰富多彩的教学内容，提高学生的学习兴趣和参与度。多媒体教室的建设不仅可以为学生提供更加多样化的学习资源，也可以提高教师的教学效果和质量。

建设实验室，是高职院校实现教学资源多样化的另一种方式。实验室是一种特殊的教学资源，可以为学生提供更加实践性的教学体验，促进学生的创新思维和实践能力。高职院校可以根据不同专业的需求，建设各种类型的实验室，如物理实验室、化学实验室、计算机实验室、生物实验室等。实验室的建设需要配备各种实验设备和工具,同时需要保障安全和环境卫生等方面的要求。建设实验室不仅可以为学生提供更加丰富的学习资源,也可以提高高职院校的教学质量和声誉。

除了多媒体教室和实验室,高职院校还可以建设虚拟实验室和在线学习平台,为学生提供更加丰富的学习资源。虚拟实验室是一种通过计算机模拟实验操作过程,使学生在计算机上进行实验操作的虚拟教学环境。通过虚拟实验室,学生可以更加方便地进行实验操作,同时也能够提高学生的实验操作技能和创新思维能力。在线学习平台是一种通过互联网进行教学的平台,可以提供课件、视频等。

(三)推广教学资源共享平台

高职院校建设教学资源共享平台,是推进教学资源多样化和优化的重要途径之一。教学资源共享平台是一种可以将各个学科领域的教学资源整合起来,以实现资源的共享和交流的平台。通过教学资源共享平台,高职院校可以更好地实现教学资源的多样化和优化,提高教育教学的效果和质量。

教学资源共享平台可以包括多种类型的教学资源,如课件、视频、试题、案例等。这些资源可以根据学科、专业和教学内容进行分类和整合,为学生和教师提供方便快捷地获取和共享教学资源的方式。通过教学资源共享平台,可以提供多样化的教学资源,包括优质的课件、视频、案例等;可以提高教育教学质量,高职院校可以分享先进的教学资源和教学经验,促进教师之间的交流和合作;还可以促进教学资源的优化并且适当降低教学成本。涉及具体的实践环节,要从以下方面来着手。

1. 整合资源,建立分类管理系统

高职院校需要对各种类型的教学资源进行分类整合,建立科学的管理体系。教学资源共享平台需要建立科学的分类体系,方便学生和教师根据需要快速查找和获取所需的教学资源。

2. 增强资源质量和版权保护意识

教学资源共享平台需要增强资源的质量和版权保护意识。高职院校应该加强对教学资源的审核和评估，确保资源的质量和权威性。同时，还需要加强版权保护意识，避免侵犯他人的版权利益。

3. 优化共享平台的功能和界面

教学资源共享平台的界面需要友好、简洁，功能需要齐全、易用。高职院校应该定期对教学资源共享平台进行升级和优化，以提高平台的用户体验。

4. 加强宣传和推广

高职院校需要加强对教学资源共享平台的宣传和推广，让更多的学生和教师了解和使用平台。同时，还需要鼓励教师和学生积极参与平台的建设和维护，提高平台的使用效率和质量。

总之，教学资源共享平台是高职院校实现教学资源多样化和优化的重要途径之一。高职院校应该加强对平台的建设和管理，增强资源质量和版权保护意识，优化平台的功能和界面，加强宣传和推广，让更多的学生和教师了解和使用平台，提高教学质量和效果。

参考文献

［1］ 毛霞，曾雪芳. 高职教育的改革与发展研究［M］. 长春：吉林出版集团股份有限公司，2022.

［2］ 李景元等. 中国灰领　高职教育定位：动脑与动手技能人才［M］. 2版. 北京：中国经济出版社，2013.

［3］ 武文. 高职教育改革　探索中嬗变［M］. 北京：光明日报出版社. 2021.

［4］ 廖伏树. 创新视角下的高职教育管理［M］. 北京：光明日报出版社，2021.

［5］ 李艳. 高职教育的技术知识生产路径研究［M］. 上海：上海交通大学出版社，2021.

［6］ 刘康民. 高职教育供给侧改革研究［M］. 北京：北京理工大学出版社，2020.

［7］ 孟凡飞. 高职教育与外语教学问题研究［M］. 长春：吉林科学技术出版社，2020.

［8］ 李云华. 高职教育文化建设与发展路径探索［M］. 汕头：汕头大学出版社，2020.

［9］ 王勤，朱政德. 信息化与新媒体时代高职教育教学研究与实践［M］. 郑州：黄河水利出版社，2021.

［10］ 孟佑文. 教育生态学视角下高职院校教学管理方略探究［J］. 湖北开放职业学院学报，2023，36（06）：56-57+60.

[11] 黄丽娟，李忠毅. 高职院校"双线融合教学"：价值、困境与策略 [J].
    潍坊工程职业学院学报，2023，36（02）：66-70.

[12] 徐来. "互联网+"背景下高职院校教学管理改革探析 [J]. 中国新通
    信，2023，25（06）：170-172.

[13] 吴泽坤. 扩招背景下高职院校教学管理的挑战、问题与对策 [J]. 中
    国冶金教育，2023（01）：35-38.

[14] 冯依锋. "双高计划"背景下高职院校教学管理综合量化评价体系探索
    与实践 [J]. 襄阳职业技术学院学报，2023，22（01）：6-9+18.

[15] 杨善江. 高职院校"双线"混融教学模式实施研究——基于教学管理
    的视角 [J]. 四川职业技术学院学报，2023，33（01）：1-5.

[16] 陈凡. 现代化信息技术在高职院校教学管理中的应用[J]. 数据，2023
    （02）：137-138.

[17] 刘佳雯. "百万扩招"背景下高职院校人才培养与教学管理工作的思考
    [J]. 就业与保障，2023（01）：145-147.

[18] 肖建宏，徐春贵，李萍，林媛媛. 高职院校教学管理办公辅助软件的
    设计与实现 [J]. 电脑知识与技术，2023，19（02）：33-35.

[19] 钟丽娟. 高校音乐教育与民族音乐文化融合的价值及路径探微[J]. 成
    才之路，2023（01）：13-16.

[20] 王宇. 高职院校教学管理创新研究 [J]. 现代职业教育，2023（01）：
    177-180.

[21] 张润玉. 基于柯达伊教学法的高校音乐教育实践[J]. 戏剧之家，2022
    （36）：172-174.

[22] 郑伯英. 高校音乐教改中多元化音乐教育的推进[J]. 戏剧之家，2022
    （36）：175-177.

[23] 沙茜. 多元文化在高校音乐教育中的应用[J]. 民族音乐，2022（06）：
    121-122.

[24] 苟丽媛. 新文科背景下高校音乐教育专业教学改革发展研究 [J]. 大

观（论坛），2022（12）：134-136.

[25] 颜佳玥. 美育育人背景下高校音乐教学策略分析——评《当代高校音乐教育与教学的实践模式研究》[J]. 中国高校科技，2022（12）：113.

[26] 董栋. 扩招背景下高职院校多元化教学管理创新研究 [J]. 现代职业教育，2022（44）：100-103.

[27] 王宏超，谭凯. 状态数据在高职院校高质量教学管理改革中的作用探析——以南京城市职业学院为例 [J]. 南京开放大学学报，2022（04）：42-46.

[28] 刘波. 师范类专业认证下高校音乐教育专业课程教改路径探析 [J]. 戏剧之家，2022（35）：154-156.

[29] 陈洁. 新时代高职院校提升教学督导效能研究 [J]. 淮南职业技术学院学报，2022，22（06）：36-38.

[30] 吴文婷. 建设学习型社会背景下的高校音乐教育资源服务于社会教育的研究 [J]. 艺术评鉴，2022（23）：177-182.

[31] 姜曼. 高职院校基层教学管理人员职业幸福感现状调查及提升研究 [J]. 产业与科技论坛，2022，21（24）：132-133.

[32] 苏波. 百万扩招背景下高职院校教学管理路径研究 [J]. 科教导刊，2022（35）：1-3.

[33] 徐剑. 高校音乐教育课程"美育"功能探究——评《普通高校音乐教育》[J]. 中国教育学刊，2022（12）：153.

[34] 汤柯佳. 高校音乐教育与学生创新能力培养的研究 [J]. 艺术评鉴，2022（22）：117-120.

[35] 张伟. 论当地音乐文化在高校音乐教育中的融入与传承 [J]. 艺术评鉴，2022（22）：129-132.

[36] 魏红燕. 民族文化传承背景下高校音乐教育改革的探讨 [J]. 江西电力职业技术学院学报，2022，35（11）：108-110.

[37] 方新佩. 湘南民歌在地方高校音乐教育中的传承 [J]. 大观（论坛），

2022（11）：142-145.

[38] 曾泽兴. 多元文化音乐教育在高校音乐教育中的应用 [J]. 快乐阅读，2022（11）：58-60.

[39] 刘鸿兵. 高校音乐素养教学的实施路径探索——评《高校音乐教育教学理论与改革探究》[J]. 中国高校科技，2022（11）：113.

[40] 王方，尹晶晶. 五育并举下高校音乐教育的改革创新研究 [J]. 赤峰学院学报（汉文哲学社会科学版），2022，43（11）：92-94.

[41] 章为. 探析高校音乐教育改革的发展路径 [J]. 戏剧之家，2022（33）：178-180.

[42] 龙妮. 高校音乐教育专业应用型人才培养模式研究 [J]. 时代报告（奔流），2022（11）：122-124.

[43] 王丽. 高校音乐教育育人思想与机制的创新实践研究 [J]. 黑河学刊，2022（06）：52-57.

[44] 夏新. 本土音乐文化融入内蒙古高校音乐教育中的实践与创新研究 [J]. 戏剧之家，2022（32）：181-183.

[45] 徐桠. 应用型高职院校"新商科"教学管理体系构建 [J]. 湖北开放职业学院学报，2022，35（21）：161-163.

[46] 陈梅花，王晓丽，樊伟伟，马宁. 高职院校扩招生教学管理研究——以三亚航空旅游职业学院为例 [J]. 湖北开放职业学院学报，2022，35（21）：156-158.

[47] 刘曼. 高职院校教学秘书如何做好教学管理工作的探讨 [J]. 秦智，2022（11）：122-124.

[48] 赵宇艳. 高职院校培训教学管理中存在的问题与对策 [J]. 山西财经大学学报，2022，44（S2）：215-217.

[49] 盖艳娜，杨洪林. 高职院校教育教学管理模式改革及实践创新性研究 [J]. 山西青年，2022（20）：139-141.

[50] 赵白露，刘晓璐，孙东涛，宋晓黎. 后疫情背景下高职院校在线教学

管理与教学质量保障机制构建［J］.山西青年，2022（20）：172-174.

［51］孔臻.高职院校教学管理分析及精细化管理应用策略［J］.山西青年，2022（20）：142-144.

［52］苏晓迪.基于信息化平台的高职院校学籍标准化管理工作的研究与思考［J］.大众标准化，2022（20）：22-24.

［53］李赟."1+X"背景下高职院校教学管理模式创新研究［J］.产业与科技论坛，2022，21（20）：230-231.

［54］陈雨.基于工学结合背景的高职院校教学管理模式［J］.中国多媒体与网络教学学报（中旬刊），2022（10）：123-127.

［55］刚宪水.高职院校劳动实践网络教学管理系统的设计研究［J］.电子技术与软件工程，2022（19）：238-241.

［56］蒙萌.新时期高职院校教学秘书工作改进策略［J］.江苏经贸职业技术学院学报，2022（05）：56-58.

［57］姜珊，雷海峰，兰飞雁.高职院校与本科院校联合人才培养的问题及策略［J］.煤炭高等教育，2022，40（05）：73-78.

［58］吴斌，盛国.高职院校顶岗实习教学管理一体化模式研究［J］.科学咨询（科技·管理），2022（09）：28-31.

［59］胡亮.高职院校线上教学质量管理提升路径研究［J］.办公自动化，2022，27（16）：37-39.

［60］林溪.高职院校实践教学管理模式改革及创新分析［J］.科技风，2022（22）：94-96.

［61］于晓飞.浅谈高职院校教学管理信息化与计算机信息技术［J］.中国新通信，2022，24（15）：64-66.

［62］陆静.新时代高职院校教学管理改革工作探析［J］.中国多媒体与网络教学学报（中旬刊），2022（07）：171-174.

［63］任璐，张大伟.信息化背景下高职院校教学管理改革创新研究［J］.吉林化工学院学报，2022，39（06）：88-90.

［64］刘琰，马雪梅.扩招背景下高职院校教学管理的探索与实践［J］.创新创业理论研究与实践，2022，5（11）：109-111.

［65］彭晶.中国茶文化对现代高职院校教育管理提升的作用探讨［J］.福建茶叶，2022，44（07）：161-163.

［66］邵利锋.大数据背景下高职院校线上教学管理研究［J］.科技风，2022（15）：25-27.

［67］陈丽晶.M高职院校新冠疫情常态化防控管理研究［D］.华侨大学，2022.

［68］李佳川.高职院校教学档案管理存在的问题及对策［J］.科技风，2022（13）：13-15.

［69］黄金敏，何涛.多元招生背景下高职院校教学管理创新与实践［J］.职业技术教育，2022，43（14）：10-13.